中国资本
市场年鉴
2022

王江　胡杏　◇著

CHINA
CAPITAL MARKET
Yearbook 2022

中国财经出版传媒集团

经济科学出版社
Economic Science Press

·北京·

图书在版编目(CIP)数据

中国资本市场年鉴. 2022/王江,胡杏著. --北京:
经济科学出版社, 2023.12
ISBN 978-7-5218-5365-0

I.①中… Ⅱ.①王… ②胡… Ⅲ.①资本市场-中
国-2022-年鉴 Ⅳ.①F832.5-54

中国国家版本馆 CIP 数据核字(2023)第 218207 号

责任编辑: 初少磊 赵 蕾
责任校对: 靳玉环
责任印制: 范 艳

中 国 资 本 市 场 年 鉴 2022

ZHONGGUO ZIBEN SHICHANG NIANJIAN 2022

王 江 胡 杏 著

经济科学出版社出版、发行 新华书店经销
社址: 北京市海淀区阜成路甲 28 号 邮编: 100142
总编部电话: 010-88191217 发行部电话: 010-88191522
网址: www.esp.com.cn
电子邮箱: esp@esp.com.cn
天猫网店: 经济科学出版社旗舰店
网址: http://jjkxcbs.tmall.com
北京季蜂印刷有限公司印装
710×1000 16 开 12 印张 190000 字
2023 年 12 月第 1 版 2023 年 12 月第 1 次印刷
ISBN 978-7-5218-5365-0 定价: 55.00 元

主　　编：王　江

副 主 编：胡　杏

参　　编：邵　原　孟　博　王子悦　李　论

致　　谢

我们在此感谢上海交通大学中国金融研究院 (CAFR) 所给予的长期支持，特别感谢中国金融研究院严弘教授、李峰教授和赵曦博士对本项目的大力支持。

我们感谢万得信息技术股份有限公司提供关于中国股票、债券和通货膨胀的原始数据。感谢万得信息公司的周立先生和陈维琳女士，特别感谢创始人陆风先生对本项目的持续支持。

本年鉴的基本内容是基于相应的英文年鉴 *Chinese Capital Market Yearbook* 2022[①] 的内容。上海交通大学上海高级金融学院潘军教授作为英文年鉴的副主编作出了非常重要的贡献，在此特别致谢。

我们感谢中国金融研究院中国资本市场团队曾经以及现在的所有成员。在本年鉴制作的初期阶段，孟博和邵原在数据清洗、框架构建和数据分析方面作出了重要贡献。陈灿、陈美陵、方辰君、胡悦、李论、乔高秀、任洇菲和王子悦对本书亦有贡献。

[①] Jiang Wang, Grace Xing Hu, "Chinese Capital Market Yearbook", https://papers.ssrn.com/sol3/papers.cfm?abstract_id=4630341,2023-09.

前　言

中国资本市场自改革开放以来得到了快速发展，目前已形成了架构完整、规模宏大的格局，为国家经济发展发挥了重要作用。随着中国经济向高效率、重创新、可持续、同富裕发展模式转变，迫切需要一个现代化资本市场的支撑和驱动。

资本市场不仅是企业及政府融资的重要渠道，更是资产和风险定价的核心平台，同时也是资本和公众财富积累的主要来源。因此，资本市场的收益与风险是其关键的金融特征，它们反映与主导了资源和风险的定价、配置与效率。本年鉴的主要目的就是对中国资本市场的主要收益和风险特征进行严格、系统和量化的梳理、测算和刻画。需要明确的是，本年鉴所考虑的中国市场是指中国内地市场，不包括港澳台市场。

本年鉴覆盖了资本市场的三个主要板块：股票、国债和公司（信用）债。这三个市场是企业和政府作为需求方与家庭和机构作为供给方完成长期资本匹配并达到平衡的主要平台。这个过程所形成的核心资产价格，包括利率、市场风险和信用风险溢价，都是指导投资评估和资产定价的基准。而这些资产的价格及其变化所反映的风险特征，又是市场系统风险评估和度量的重要客观基础。从资本和财富积累方面来看，这三个资产板块的收益正反映了资本长期增长的趋势，其所包含的风险也反映了增长过程中的不确定性。因此，本年鉴所提供的信息和分析正是希望在这些方面为企业、政府和投资者提供一个科学、系统、量化的依据。比如，股票和信用债的长期收益反映了资本市场在财富积累方面的效益，其收益的波动率体现了财富积累过程中的风险，两者之比，即其夏普比，代表了投资者尤其是公民投资者通过市场积累财富的效率。

本年鉴的主要内容如下。第 1 章简要介绍中国资本市场各重要板块的发展历程、基本结构和重要特征。这里我们不求全面和细致，而是重点关注与年鉴中所分析的问题最为相关的信息。这些信息为我们认识和了解年鉴中定量分析的数据和结果提供了实际的背景，以避免它们脱离其具体含义。第 2 章报告了股票、国债和信用债三个资产类及其重要子类的收益和风险的量化特征及构成。这部分是年鉴的核心内容。第 3 章描述了各资产类基础日收益率时间序列的构造方法。第 4 章讨论了在基础收益系列基础上构造的衍生序列如资产的风险溢价序列和通胀调整后的收益率序列。第 5 章依据基础收益序列构造了各资产类的累计收益率及财富指数。第 6 章具体讨论了收益的均值、波动性、互相关性和序列相关性的计算。其中，收益的算术和几何平均值为市场的短期和长期回报提供了具体的测度，波动性和互相关性的测度为市场的风险特征提供了量化的刻画。第 7 章讨论股票市场收益率和风险的一些其他特征，如规模效应、季节性和小盘股的序列相关性等。第 8 章继续讨论股市中成长型股票和价值型股票收益率特征的差别。第 9 章从全球资产配置的角度分别考虑境内和境外投资者资产组合的有效前沿。这里我们主要考虑了股市，其结果反映了中国境内股市为境外投资者所能带来的投资效率提升和境外股市为境内投资者所能带来的投资效率提升。

本年鉴的数据来自万得信息技术有限公司关于中国资本市场的基础数据库。我们对数据进行了详细的清理和必要的修正，以得到恰当的价格、总量、红利及利息等信息，并以此构造各资产类的基础收益率，以尽量保证其准确。在数据的时间跨度上，我们在保证数据质量和信息量的前提下争取覆盖最长的时间。由此所形成的结果全部收纳于中国资本市场数据库（China Capital Market Database）。

本年鉴的英文版自 2012 年起即定期编制，持续更新数据和内容，2021 年作了较大的更新，尤其是信用债部分。中文版今年是首次出版，其内容主要基于相应的英文年鉴 *Chinese Capital Market Yearbook* 2022（尚未发表），做了相应的调整、优化和补充。[①]

为了便于中国和海外资本市场的对比，本年鉴的架构参考了关于美国资本市场的著名年鉴 *Stocks, Bonds, Bills, and Inflation Yearbook*[②]。

如上所述，本年鉴主要侧重对中国资本市场收益和风险特征的量化分析及刻

---

① 参见社会科学研究数据库（Social Science Research Network, SSRN), http://ssrn.com labstract =4630341。

② Roger G. Ibbotson, Rex A. Sinquefield, *Stocks, Bonds, Bills, and Inflation Yearbook*, Duff & Phelps/Kroll。该年鉴提供的历史收益率数据在全球范围内被广为引用。

画。除第 1 章根据年鉴内容的需要对市场的形态做了简略的描述外，对市场发展的详细过程少有涉及。关于这方面的内容已有很多参考材料。有兴趣的读者可参阅《中国资本市场发展报告》《中国资本市场二十年》《中国资本市场变革》《中国资本市场三十年：探索与变革》。①

---

① 中国证券监督管理委员会：《中国资本市场发展报告》，中国金融出版社 2008 年版；中国证券监督管理委员会：《中国资本市场二十年》，中信出版社 2012 年版；肖钢：《中国资本市场变革》，中信出版社 2020 年版；吴晓求：《中国资本市场三十年：探索与变革》，中国人民大学出版社 2021 年版。

目　　录

第 1 章　中国资本市场简介

20 世纪 20 年代，中国的资本市场曾经非常活跃。当时，成立于 1921 年的上海华商证券交易所，就设施和规模而言，在东亚地区名列第一。然而，中国资本市场的发展在 20 世纪 30~40 年代受到了战争、经济动荡和政治不稳定等因素的影响。1949 年，中华人民共和国成立后，中国实施计划经济体制，资本市场因此停止运行。资产配置由政府通过行政手段控制和管理。银行的主要职能主要是支付和信贷分配，利率由中央政府设定。1976 年经济改革开始后，中国开始向市场化经济转型，中国资本市场开始复苏。尽管改革后其他经济领域迅速发展，资本市场的初期增长却缓慢而滞后。1990 年，股票市场的重启标志着一个现代化的资本市场雏形的诞生。政府债券和企业债券市场也在 20 世纪 80 年代重新崛起，并在 90 年代逐渐壮大。截至 2021 年底，这些市场已形成了与中国经济体量相当的规模，市值位居全球第二，仅次于美国。[①]

中国资本市场的发展过程带有鲜明的"中国特色"。本章对中国资本市场的发展历程和现状做简要的概述，介绍资本市场发展过程中的一些重要事件及其发展特征。本章着重介绍普通股、政府债券和公司债券，它们构成了目前中国资本市场的主要部分。

1.1　普通股

1.1.1　普通股的兴起

1982 年 5 月，国家经济体制改革委员会成立，其目的是改革中国的经济体制，举措包括全面改革国有企业（SOEs）。该委员会积极推动股份制改革，将非国有实体引入国有企业。非国有实体（包括个人）可以通过提供资本或其他形式的要素来获得企业的所有权或未来收益的要求权。一些小型国有企业和集体企业

---

① 参见世界交易所联合会 2021 年 12 月报告：Equity - 1.1 - Domestic Market Capitalization。

随后开始改组为股份制企业，其中，北京、上海、广州等地的多家企业被正式选定改制为股份制企业。1986 年 12 月，国务院公布《关于深化企业改革增强企业活力的若干规定》后，更多的企业，包括一些大型国有企业，开始发行股票，一级股票市场开始出现。①

在早期，大多数股票具有债券的特征。例如，具有有限期限、保证偿付面值和到期支付预定利息或股息等。此外，大多数股票是向员工和本地公民自行发行，无须经历承销程序。随着时间的推移，向公众发行的股票呈现出类似于现代普通股的形式，没有固定期限、面值或股息。此外，这些公司，尤其是国有企业，其原本的所有权转为一种不同于向公众发行的特殊股份形式。由此逐渐形成两类股份，一类是向公众发行的，而另一类是预先存在、通常属于政府部门的，后者通常被称为政府股或法人股。两类股份共存的情况也被称为"股权分置结构"，目前这一结构在少数企业中仍然存在。

1.1.2　三大证券交易所

20 世纪 80 年代末，随着股票和投资者数量的增加，社会对股票二级交易的需求也在增加。在这种情况下，中央政府于 1990 年批准成立了上海证券交易所和深圳证券交易所，用于股票的上市、发行和交易。这两个交易所于 1990 年 12 月开始运行。2021 年底，北京证券交易所正式开市，这是中国资本市场继沪、深交易所后又一个全国性证券交易所。

在三大交易所之外，也存在一些区域性的证券交易所。但无论从总市值还是交易量来看，它们在中国的整个股票市场中只起到了相对较小的作用。因此，我们将把分析的重点放在上交所和深交所这两个主要的交易所上。

按照能否在公开市场交易的标准可以将股票大致分为两类：一类是流通股，通常是指上市公司向公众发行的股份，境内投资者、个人和机构均可投资；另一类是非流通股，一般而言指的是未在交易所上市或交易的法人股，它们在场外交易，但交易并不频繁。

---

① 中国证券监督管理委员会：《中国资本市场二十年》，中信出版社 2012 年版。

1. 上海证券交易所

上海证券交易所（SSE，以下简称"上交所"）成立于 1990 年 11 月 26 日，并于 1990 年 12 月 19 日正式开始运行。它位于上海浦东新区，由中国证券监督管理委员会（CSRC）直接管理。就总市值和交易量而言，上交所是目前中国最大的股票市场。上海证券交易所的交易按照价格优先、时间优先的原则，通过集中式电子限价盘进行交易。2019 年 6 月，上交所开设科创板，聚焦高新技术产业和战略性新兴产业公司。科创板采取注册制上市，并且采取与上交所主板不同的交易规则。

截至 2021 年，在上交所上市的公司和股票总数达到了 2031 只，其中只有 237 家股票在 2021 年年底新上市。上市公司的总市值是 51.9 万亿元，流通股的市值是 43.4 万亿元。截至 2021 年底，在上交所上市的总股数和流通股数分别为 4.6 万亿只和 4.0 万亿只。

2. 深圳证券交易所

深圳证券交易所（SZSE，以下简称"深交所"）成立于 1990 年 12 月 1 日，其所在地深圳是 20 世纪 80 年代旨在促进中国经济开放的指定经济特区之一。深交所自成立以来，迅速从区域市场发展成为全国性证券市场。深交所采用与上交所类似的交易机制。

深交所与上交所的不同之处在于，它主要支持中小企业的上市交易。2004 年 5 月，深交所正式设立中小企业板（SME Board），为中小企业提供交易服务，在中小企业板上市的公司通常具有高增长和高盈利能力的特点。2009 年 10 月，为更好地支持小企业融资，深交所推出创业板（GEM Board）。与中小企业板相比，创业板市场关注规模更小的企业和高科技企业。创业板的上市交易规则也与中小企业板不同。

3. 北京证券交易所

北京证券交易所（BSE，以下简称"北交所"）于 2021 年 11 月 15 日正式开市。北交所的设立建立在全国中小企业股份转让系统（新三板）精选层的基础上，在首批 81 家上市公司中，有 71 家由新三板精选层平移至北交所上市，其余

10 家为首次公开发行的企业。在这些企业中，战略性新兴产业、先进制造业、现代服务业等占比 87%，经营业绩突出、创新能力较强。截至 2021 年底，北交所合计发行 598 次，合计融资 281 亿元。

考虑到北交所成立时间较短，本书关于股票市场的讨论主要集中于上交所和深交所。

1.1.3　股票市场的发展

图 1-1(a) 显示了自 1990 年以来两个主要证券交易所上市公司数量的增长情况。从图 1-1(a) 可以看出，中国股票市场的增长经历了几个阶段。1990~1992 年，即最初的"实验阶段"，只有 8 只股票在上交所上市，即所谓的"老八股"。1991 年有 6 只在深交所上市。到 1992 年底，有 53 只股票在这两个交易所合并上市。1993~1997 年，市场经历了强劲增长。1993 年，在这两个交易所上市的公司数量增加了 1 倍多，1993 年底达到 177 家，1995 年底总数为 311 家，1996 年底总数为 514 家，1997 年底总数为 720 家。

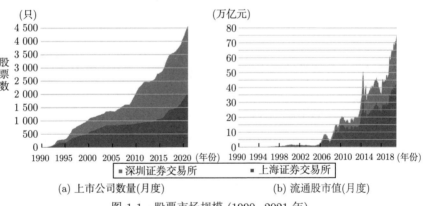

(a) 上市公司数量(月度)　　　　　　(b) 流通股市值(月度)

图 1-1　股票市场规模 (1990~2021 年)

然而，这种增长并非一帆风顺。在 1994 年初，股票价格大幅下跌。1994 年 7 月 28 日市场指数暴跌 7.39% 后，证券监管机构停止了 1994 年 7 月 30 日至 1995 年年中的新股发行。此后股票数量恢复增长，但速度略有放缓，从 2000 年的 1060 只缓慢增长至 2004 年的 1353 只，其中在上交所上市的股票有 827 只，在深交所上市的股票有 526 只。随后，新上市的股票增速大幅放缓，尤其是上交所。2004~2009 年上交所上市股票数量基本持平，为 827~860 只；2010 年上市股票数量又开始缓慢增长，到 2021 年底时达到了约 2031 只。

2004 年之前，深交所的增长路径与上交所相似，股票数量略少，规模较小。然而，在 2004 年推出中小企业板和 2009 年推出创业板后，深交所的增长步伐加快了。自 2005 年以来，深交所的上市公司数量一直在大幅增加，自 2009 年以来更是急剧增加，到 2021 年底已经达到了 2571 家，大大超过了上交所的水平。

衡量股票市场规模的一个更重要的指标是总市值。图 1-1(b) 对比了两个交易所流通股总市值。深交所虽然现在有几个不同的板块，近年来上市股票的总数也比较多，但其市值仍然低于上交所。

1.1.4 股票市场波动性和换手率

多年来，中国股市经历了大幅波动。图 1-2(a) 显示了以 1 个月、3 个月和 1 年的时段计算的股票市场年化波动率。我们用总市值每日变动百分比的累积平方估计给定测量期间的市场波动率。显然，20 世纪 90 年代初期股市的波动性非常高，1998 年下降到 20% 左右的平均水平；之后一直到 2006 年，波动率都保持在较低水平；随后由于 2007 年牛市以及 2008 年熊市的影响，1 年期波动率指数攀升至 50% 以上的水平，以 1 个月和 3 个月收益率计算的波动率指数更高；2008 年之后，指数回落到 20% 左右；2015 年 6 月，在中国股市震荡开始之际，波动率再次飙升，以 1 个月和 3 个月收益率计算的波动率指数远高于 60%。

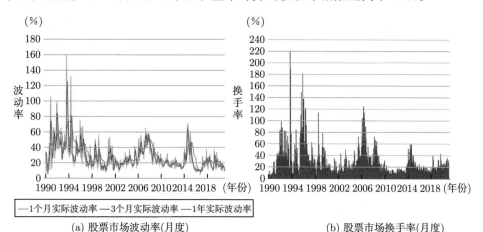

(a) 股票市场波动率(月度)　　　(b) 股票市场换手率(月度)

图 1-2　股票市场波动率及换手率 (1990~2021 年)

图 1-2(b) 展示了整个股票市场的月度换手率。市场换手率是用交易的股票总数除以发行在外的流通股总数来计算的。月度换手率等于 1 个月内每日换手率的总和。早期换手率较高主要是因为股票数量有限，投资者对股票的投资热情高涨。平均月度换手率在 20% 左右，明显高于成熟的资本市场。此外，换手率随时间波动较大，1994 年、1997 年和 2007 年均超过 120%，2002 年、2012 年和 2013 年均跌至 10% 以下，但没有明显的时间趋势。

1.1.5　股票市场组织结构

1. 股份类别

中国股票市场的特点是各类股票并存，简述如下。

（1）**A 股**，是在两个主要证券交易所上市的以人民币（RMB）计价的股票。在接下来对中国股市的讨论中，我们将主要关注 A 股，它约占所有交易股票的 96%。

（2）**B 股**，于 1992 年在上海和深圳创立。最初，参与者完全是外国投资者。然而，自 2001 年 2 月 19 日起，该市场向国内个人投资者开放。在上交所，B 股价格以美元计价，而在深交所以港元计价。截至 2021 年底，两大交易所 B 股上市公司共 90 家，仅占整个市场的一小部分。[①]

（3）**H 股**，指在内地注册但在香港联合交易所有限公司（以下简称"香港联交所"）上市交易的公司股票。很多公司同时在香港联交所和内地两个证券交易所之一发行股票。实证研究表明，H 股与同一家公司发行的 A 股股票之间往往存在较大的价格差异。A 股的交易价格通常高于 H 股。境内投资者不得投资境外股票，境外投资者也不得投资中国 A 股市场。

2. 股票投资者

中国股票市场的投资者有以下四大类。

（1）境内个人投资者。

（2）金融中介和金融服务提供者，包括经纪商、综合证券公司、投资银行和信托公司。

---

① 参见中国证监会 2021 年 12 月市场月报。

（3）境内机构投资者。

（4）合格境外机构投资者（QFII）。

在中国，法律禁止商业银行参与证券承销或投资业务，QFII 除外。银行也不能将资金借给客户进行证券业务。保险公司只能通过基金机构经营的资产管理产品间接投资普通股。

3. 监管

中国证券业的主要监管机构是中国证券监督管理委员会（以下简称"中国证监会"）。1992 年 10 月，国务院证券委员会及其执行机构中国证监会成立，其职能是规范中国股票和期货市场。1998 年，国务院证券委员会停止运作，其职能移交给中国证监会，中国证监会成为监管全国证券期货市场的唯一监管机构。目前，中国证监会是国务院的下属机构。

1999 年 7 月 1 日起施行的我国第一部综合性证券立法《中华人民共和国证券法》赋予中国证监会集中统一监管全国证券市场的权力，以确保证券市场合法运行。中国证监会垂直领导全国证券期货监管机构，对证券期货市场实行集中统一监管，有权对证券发行人进行规范和监督，并对与股票和期货市场有关的违法行为进行调查和处罚。中国证监会有权发布意见或指导意见，为上市公司提供指导，其指导不具备法律约束力。

1.1.6　中国股市的特点

1. 股权分置及其改革

流通股和非流通股同时存在，即股权分置结构，是中国股市特有的情况。非流通股的产生和发展可分为以下三个阶段。

（1）第一阶段：在早期的中国证券市场，国有企业的所有权转变为股权，由不同的政府和半政府实体持有。这些股份构成了非流通股的基础。不同于向公众发行的、在交易所上市交易的流通股，非流通股通常通过拍卖或协议转让的方式交易，交易主体以政府和半政府实体以及后来的其他法人实体为主，其价值以账面价值为准。流通股和非流通股同时存在这一现象也反映出其各自所有权的模糊界定。

（2）第二阶段：为满足国有企业对资金、流动性、治理和重组的需要，中国资本市场开始进行股权分置改革。从 1998 年下半年到 1999 年上半年，中国政府开始进行国有股减持，减少国有企业持股，并将其股份转入资本市场。但由于市场对非流通股价值的预期与实际实现存在差距，此次试点很快被暂停。

（3）第三阶段：2004 年 1 月 31 日，国务院发布了《关于推进资本市场改革开放和稳定发展的若干意见》，表明其"积极解决股权分置问题"的意向。2005 年 4 月 29 日，中国证监会启动了股权分置改革。通过股东协商，非流通股逐渐转为流通股。

图 1-3(a) 描述了流通股和非流通股的总市值。其中，非流通股价值基于账面价值，而流通股价值基于市场价值。2000~2006 年，流通股和非流通股总市值稳定在 4 万亿元左右，2007 年猛增至 30 万亿元左右。同年，上证综合指数创下历史新高 6124.04 点。不久之后，由于全球金融危机，市值缩水至峰值的 1/3 左右。2009 年初以来，非流通股市值持续下滑，流通股市值逆转回升至逾人民币 20 万亿元，并保持相对稳定。2014 年中至 2015 年初，流通股市值从 20 万亿元快速增长至 60 万亿元，2015 年中暴跌至 40 万亿元左右。非流通股的模式与此相似，不过涨跌幅较小。

图 1-3(b) 展示了上交所和深交所流通股和非流通股总市值的相对比例。股权分置改革从 2005 年开始，而股票总市值在 2009 年达到顶峰，主要由于流通股市值大幅增加。截至 2021 年底，非流通股市值占比从 20 世纪 90 年代初近 80% 的峰值降至 20% 以下。

2. 交易限制

（1）每日价格限制。价格限制是股票价格在任何一个交易日内允许从前一天的结算价格上涨或下跌的最大值。在早期，中国股市没有涨跌停板。自 1996 年 12 月 26 日起，上交所和深交所均开始实施 10% 的涨跌停板。但下列情况不受本规则的约束：

① 首次公开募股日；

② 股改后首个交易日；

③ 季节性发售后的第一个交易日；

④ 重大资产重组后首个交易日；

⑤ 退市股票首次重新上市日。

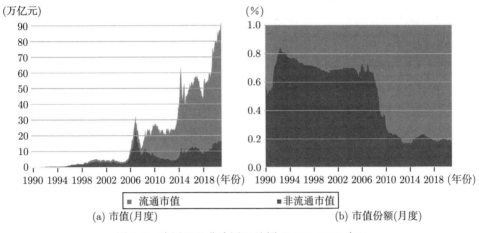

图 1-3　流通股及非流通股份额 (1990~2021 年)

（2）T+1。T+1 是一种股票交易制度，这意味着在 t 日买入的股票在 $t+1$ 日结算，因此最早可以在 $t+1$ 日卖出。上交所和深交所的股票、基金产品交易均采用 T+1 规则。

（3）特别处理 (ST)。特别处理或 ST 状态是指上市公司面临财务异常的情况。自 1998 年 4 月 22 日起，上交所和深交所宣布对财务异常的公司进行特殊处理，股票名称前加 "ST" 字样。

根据中国证监会的规定，ST 股票有四种类型。ST 指连续两年亏损的公司，*ST 指连续三年亏损的公司，SST 指连续两年亏损且股权分置改革未完成的公司，S* ST 指连续三年亏损且股权分置改革未完成的公司。

ST 股每日涨停 5%，仅为普通股的一半。

1.1.7　税收

1. 证券投资所得税

通常，证券投资收益所得税有两种形式：资本利得税和股息红利税。在中国，通过股票投资所得的资本收益不征税。但股息收入需要征税。税率最初设定为 20%，

2005 年 6 月降至 10%。自 2013 年 1 月起，中国开始实施差别化股息所得税政策。新政策规定，股息所得税随着股息分配证券的持有时间而变化。具体办法为，如果投资者持股超过 1 年，税率为 5%；持股 1 个月到 1 年，税率为 10%；持股不到 1 个月，税率为 20%。该政策旨在降低长期投资者的税率，抑制高股息收入证券的投机行为。

2. 股票交易印花税

中国股票市场的另一个特色税收是交易税，也称为印花税。2008 年后印花税已经降低到相当低的水平，对卖方征收 0.1%。但相比于其他市场，印花税在股市早期是相当高的。

1990 年 7 月 1 日，深交所开始对成交价的卖方征收 0.6% 的印花税；1990 年 11 月，深交所也开始对买方征收 0.6% 的印花税。1991 年 10 月，深交所将印花税降至 0.3%；1991 年 10 月 3 日，上交所开始对买卖双方征收 0.3% 的印花税。1997 年 5 月 10 日，两家证券交易所的印花税上调至 0.5%，1998 年 6 月 12 日降至 0.4%。2001 年 11 月 16 日，印花税率进一步降至 0.2%，2005 年 1 月 24 日降至 0.1%。2007 年 5 月 29 日晚，财政部宣布将印花税上调至 0.3%；第二天，由于交易成本的意外上涨，股票市场大幅下挫。2008 年 4 月 24 日，印花税降回 0.1%。从 2008 年 9 月 19 日开始，印花税只对卖方征收。表 1-1 列示了印花税的变化。

表 1-1	股票交易的印花税
日期	调整
1991/10/10	0.6% ~ 0.3%
1997/05/10	0.3% ~ 0.5%
1998/06/12	0.5% ~ 0.4%
2001/11/16	0.4% ~ 0.2%
2005/01/24	0.2% ~ 0.1%
2007/05/30	0.1% ~ 0.3%
2008/04/24	0.3% ~ 0.1%

1.1.8　中国 ETF 规模、现况、发展历程

交易型开放式指数基金（exchange traded fund，ETF）是一种在交易所上市交易、基金份额可变的开放式基金。中国于 2005 年上市第一只 ETF 产品——华夏上证 50ETF。此后境内 ETF 发展可分为三个阶段：在 2008 年前处于较为缓慢的初步探索阶段，截至 2011 年底我国 ETF 市场发行 ETF 总数仅为 37 只；2012~2018 年，主要由传统指数基金发行所驱动，ETF 市场不断稳步增长，规模迅速上升；2018 年之后，我国 ETF 市场进入爆发式增长阶段，行业主题 ETF 迅速扩张，成为 ETF 发行市场和存量市场的主流产品类型。

据万得（Wind）数据统计，截至 2021 年 12 月 31 日，我国 ETF 已成立 629 只。其中，股票型 ETF 的数量和规模均占比最高，共 572 只，规模约 10543.87 亿元；其次为货币型 ETF，共 27 只，规模约 2937.67 亿元；而债券型 ETF 和大宗商品型 ETF 数量较少，均为 15 只，规模分别为 225.06 亿元和 285.79 亿元。总的来说，中国 ETF 以权益类 ETF 为主，以行业指数及主题指数 ETF 以及传统指数 ETF 为主，在品类的多元化和投资策略的多样性上仍存在较大的发展空间。

1.2　政府债券

1.2.1　发展历程

新中国成立以来，中国国债市场的历史可以分为两个时期：第一个时期是 20 世纪 50 年代，中国发行了 6 次国债；第二个时期是 1980 年以后，1959~1978 年期间，政府债券的发行完全停止，1981 年国债市场重新开放后，市场经历了快速增长期，市场结构、交易机制、监督监管等方面得到显著改善。

根据发行主体的不同，中国政府债券主要有三种形式：财政部发行的国债、地方政府发行的地方政府债券和中国三大政策性银行（国家开发银行、中国进出口银行和中国农业发展银行）发行的政策性银行债券。地方政府债券和政策性银行债券虽然不是由中央政府直接发行，但普遍被认为是准政府债券，违约风险很小。由中国人民银行发行并由中央政府支持的央行票据也被视为准政府债券，不存在

违约风险。自 2014 年以来，中国人民银行未在中国内地发行任何央行票据。与国库券、地方政府债、政策性金融债相比，央行票据的总余额也较小。

图 1-4 描绘了 1997~2021 年中国政府债券市场的增长情况。从图 1-4 可以看出，三种国债市场规模相当，截至 2021 年底，国债未偿金额为 23.03 万亿元，地方政府债为 30.30 万亿元，政策债为 20.54 万亿元。2009 年之前，中国发行的所有政府债券都是国债。国债发行总量从 1981 年的 50 亿元增加到 2009 年的 1.4 万亿元，到 2021 年达到 6.7 万亿元。第一只地方政府债券由新疆维吾尔自治区于 2009 年 4 月发行。此后，地方政府债券市场高速发展，发行规模从 2009 年的 2000 亿元迅速增长到 2021 年的 7.5 万亿元。截至 2021 年底，政府债券在中央国债登记结算公司（CCDC，以下简称"中债登"）的托管总额达到 52.5 万亿元，其中 22.5 万亿元为国债，30.3 万亿元为地方政府债券。

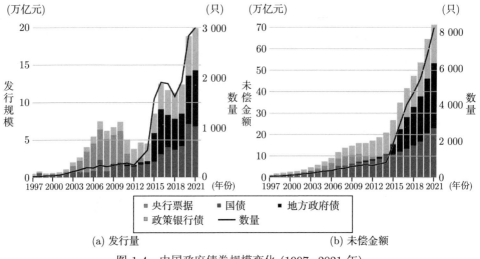

图 1-4   中国政府债券规模变化 (1997~2021 年)

资料来源：中债登发布的统计月报。

由于地方政府债券和政策性银行债券的历史较短，这里将主要讨论国债。中国的国债分为记账式债券、储蓄债券和无记名债券三种形式。国债早年多以无记名债券形式发行，逐渐转为记账式债券和储蓄债券。1998 年开始，无记名债券不再发行，之后发行的国债采用记账式债券和储蓄债券两种形式。对于记账式债券，债券的所有权以电子方式记录并由中央结算公司统一存管。在早期，记账式国债的投资者仅限于商业银行和个人投资者。现在，保险公司、证券公司和基金机构也在该市场发挥重要作用。此外，随着时间的推移，市场流动性显著改善。随着集中做市商和集中清算系统的实施，交易成本大幅下降，市场深度显著增加。

储蓄债券通过商业银行柜台发行给个人投资者。储蓄债券的一个重要特点是只能持有至到期或提前赎回，不能在二级市场流通。储蓄债券以凭证或电子方式发行，电子储蓄债券由中央结算公司统一托管。与记账式债券相比，储蓄债券的市场规模相对较小。2021 年电子储蓄债券发行总量为 2600 亿元，仅占记账式国债发行总量的 4% 左右。

早期，中国国债的期限通常在 3~5 年。近年来，国债期限延长至 15 年、20 年、30 年甚至 50 年。在下文中，我们将期限不超过 1 年的债券称为短期债券，期限在 2~5 年的债券称为中期债券，期限超过 5 年的债券称为长期债券。从债券数量和未偿金额（以面值计算）来看，中长期国债在当前国债市场上占据主导地位。

1.2.2 市场结构

国债二级市场由交易所市场、银行间市场和商业银行场外交易市场三部分组成。在这种市场结构中，银行间债券市场规模最大，交易所市场交易最活跃，商业银行场外市场只是作为补充。

图 1-5 说明了政府债券二级市场的结构。银行间债券市场采用一级托管结构，交易所债券市场和商业银行场外市场采用二级托管结构。中央结算公司负责所有债券市场的整体债券托管和银行间市场的一级托管。在交易所债券市场和商业银行场外市场中，中央结算公司是一级托管机构，中国证券登记结算公司（CSDC，以下简称"中证登"）和商业银行本身是二级托管机构。

1. 交易所市场

部分记账式国债在上交所和深交所两大证券交易所上市交易。目前，上交所国债交易量远超深交所。商业银行场外市场面向个人投资者的储蓄债券不能在交易所上市交易。

截至 2016 年底，在交易所上市的记账式国债面值达到 7239 亿元，占账面记账式国债总余额（面值）的 3.72% 。2016 年两家交易所记账式国债发行规模仅为 1730 亿元，占当年记账式国债发行总量的 6.30%。[①]

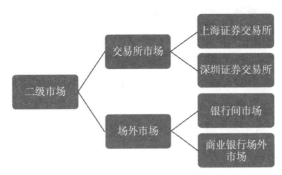

图 1-5　债券市场结构

图 1-6 (a) 展示了在上交所交易的国债数量，图 1-6 (b) 展示了不同期限的债券总面值。由于在交易所上市的国债通常在多个市场交易，图 1-6 (b) 反映出它们在所有市场（包括交易所、银行间市场和商业银行场外交易市场）的未偿金额总量。1993～2001 年，国债数量大致保持稳定，2003 年开始增加。2003～2007 年，国债发行量高速增长，2007 年底在上海上市的债券数量达到 50 只以上。2008 年全球金融危机期间出台一揽子刺激计划，中国政府大量发行国债，这段时期国债数量的急剧增长也反映在图 1-6 中。2009 年上交所上市债券总数达到 100 只以上，2018 年达到峰值 200 只，2021 年底小幅下降至 187 只。

在上交所上市的国债在前期的交易频率和交易量都很高。2005 年以来，国债市场交易逐步转向银行间市场。图 1-7 绘制了在上交所交易的国债的平均交易频率和总交易量。交易频率是每个月的平均交易天数，在计算均值时赋予每个交易所相等权重。市场交易量等于每月以面值计算的总交易量。1994～2005 年，平均交易频率大多超过了每月 15 天。之后，平均交易频率显著下降，2021 年时，交易频率为每月 3 天。国债在上交所的年换手率很低，从 2005 年到 2021 年底，换手率在 6.14%～0.88% 波动。

---

① 中债登网站。2016 年以后该网站不再更新细分市场的债券数据。

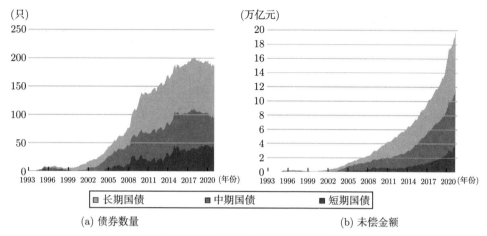

（a）债券数量　　　　　　　　　　　　　　（b）未偿金额

图 1-6　上海证券交易所国债规模

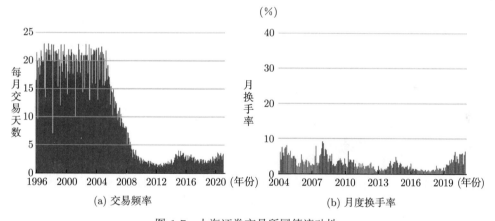

（a）交易频率　　　　　　　　　　　　　　（b）月度换手率

图 1-7　上海证券交易所国债流动性

2. 银行间市场

银行间债券市场是典型的场外交易市场。1997 年，中国人民银行（PBOC）禁止所有商业银行在证券交易所进行国债即期和回购交易。然而，允许商业银行利用中国证券登记结算有限责任公司（CSDC，以下简称"中国结算"）托管的债券，如国债、央行票据和政策性银行债券，通过全国银行间同业拆借中心交易系统进行即期和回购交易，该中心后来成为银行间债券市场。

截至 2016 年底，银行间债券市场的记账式国债托管量达到 10.1 万亿元，占所有记账式国债未偿金额的 94.08%。2016 年银行间市场新增记账式国债发行规模为 2.6 万亿元，占当年记账式国债发行总量的 93.70%。商业银行 OTC 市场面向个人投资者的储蓄债券禁止在银行间债券市场上市交易。①

图 1-8 (a) 展示了在银行间市场交易的记账式国债的数量，图 1-8 (b) 展示了不同期限国债以面值计算的未偿金额。银行间市场成立后不久，银行间债券市场的国债托管量远远少于交易所托管量。然而，从 1999 年开始，银行间市场托管量急剧增加。到 2009 年底，短期国债数量达到 30 只左右，中长期国债总量达到 100 多只。自 2009 年以来，国债数量迅速增长，到 2021 年底达到约 200 只。值得注意的是，2007 年下半年国债未偿余额突然增加，从 3 万亿元增加到近 4.5 万亿元，这主要是 2007 年特别国债的发行所致。

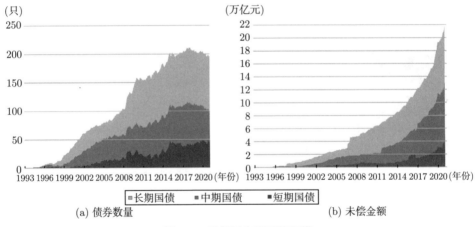

(a) 债券数量   (b) 未偿金额

图 1-8　银行间市场国债规模

资料来源：万得数据库。

图 1-9 显示了在银行间债券市场和上交所交易的国债期限的价值加权平均值和中位数。1993 年，在银行间市场交易的国债的价值加权平均期限为 4 年左右，在 1998 年和 1999 年迅速上升至 16 年以上，2005 年逐渐下降至 8 年左右，此后平均期限在 8 年左右波动。在上交所交易的国债，价值加权平均期限曾在 1996 年短暂跌破 1 年，2002 年升至 8 年左右。2005 年跌破 5 年之后又开始回升，在

———————————
① 中债登网站。

2021 年之前一直保持在 8 年。债券期限的中位数也呈现出相似的变化趋势，但变动幅度相对较小。如图 1-9 所示，在银行间市场和上交所交易的国债期限的中位数在近期均保持在 4 年左右。

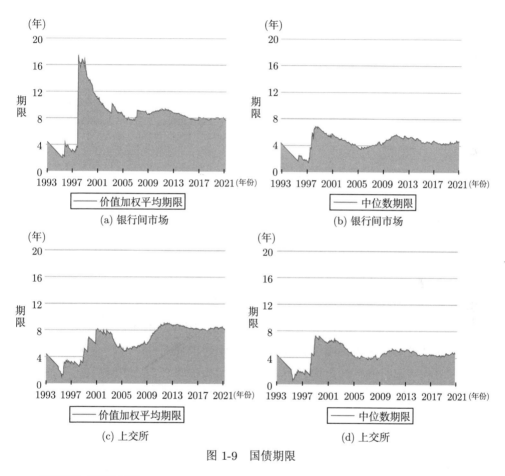

图 1-9　国债期限

资料来源：万得数据库。

国债在银行间市场的交易频率和换手率如图 1-10 所示。国债年换手率从 2005 年的 4% 逐渐上升到 2010 年的 10% 以上，在 2013 年短时间内跌破 7% 之后开始快速增长，2019 年达到 20% 以上. 银行间市场的年换手率在近期略有下降，2021 年约为 16%，比上交所高出两倍。自 2005 年以来，银行间市场的平均交易频率一直在每月 2 ~ 10 天浮动。2021 年底，银行间市场每月平均交易天数为 9 天，比上交所高出两倍。

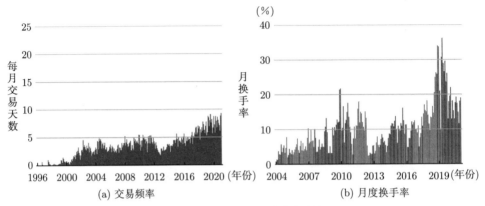

图 1-10　银行间市场国债流动性

资料来源：万得数据库。

3. 商业银行场外交易市场

商业银行场外交易市场是国债场外交易的另一个场所，主要参与者是个人投资者。投资者通常在商业银行的分支机构进行国债交易。

商业银行场外交易市场始于 2002 年，当时四大国有商业银行——中国农业银行（ABC）、中国工商银行（ICBC）、中国银行（BOC）和中国建设银行（CBC）被批准在其分支机构出售国债。后来，商业银行被批准可以回购债券。现在，这一市场只作为银行间债券市场对个人和中小机构投资者交易场所的延伸。商业银行场外市场的显著特点是参与者只能与银行进行交易。

在商业银行场外交易市场交易的债券大部分是储蓄债券。2015 年商业银行场外市场记账式国债发行规模仅为 1 亿元，占当年记账式国债发行总量的 0.01%。2016 年，商业银行场外市场未发行记账式国债，而所有储蓄债券（电子形式）都是在商业银行场外市场发行的，发行规模为 1990 亿元。到 2016 年底，商业银行场外市场记账式国债托管量仅占全部记账式国债未偿金额的 0.02%。相比之下，所有 0.7 万亿元的储蓄债券（电子形式）都托管于商业银行场外交易市场。[①]

---

① 中债登网站。

4. 三个市场的规模

图 1-11 (a) 展示了国债每月发行规模，图 1-11 (b) 展示了从 1997 年初到 2016 年底三个市场所有国债以面值计算的未偿金额，其中包括记账式国债和储蓄国债。

如图 1-11(a) 所示，2008 年之前，国债发行有四个峰值。第一个峰值出现在 1998 年上半年，当时四家国有商业银行发行了 2700 亿元的特别国债，以筹集充足资金满足巴塞尔协议 Ⅱ 要求的资本充足率。第二次增长发生在 2003 年，当时筹集的资金主要用于刺激因"非典"爆发而导致的经济疲软。最后两次峰值出现在 2007 年下半年，当时财政部发行了两只总发行规模为 1.5 万亿元的专项国债，用于资助中投公司，使未偿总额从 3 万亿元跃升至 4.5 万亿元。为应对 2008 年底的金融危机，中国政府启动了 4 万亿元的一揽子刺激计划。因此，国债的月发行规模经常超过千亿元，呈现周期性高峰。

如图 1-11(b) 所示，国债市场规模的增长大部分来自银行间市场的迅速发展，从市场规模来看，银行间市场也是最主要的市场。交易所市场规模在 2004 年之前缓慢增长，但从 2004 年开始逐渐下降。商业银行场外交易市场在 2007 年之前一直很小，但自 2008 年以来开始温和增长。

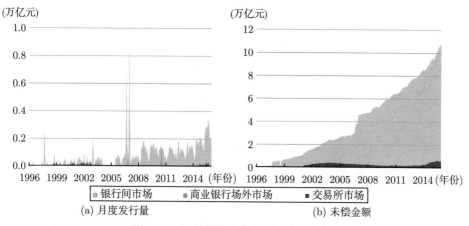

图 1-11　国债的月度发行量及未偿金额

资料来源：中债登网站。

尽管三个市场从债券类型和投资者的方面均存在市场区隔，但仍然存在跨市场存托转移的空间。例如，投资者可以将最初存放在银行间债券市场的某些国债转移到交易所或商业银行 OTC 市场，反之亦然。但是，此类转让只限于特定种类的债券。

1.2.3 国债市场的组织结构

1. 国债投资者

三个市场的投资者类别各不相同。

（1）**交易所市场**。交易所市场的参与者主要是中小型投资者，包括个人投资者、非金融机构以及证券公司、基金机构和保险公司。

（2）**银行间债券市场**。银行间债券市场的参与者都是商业银行、信用社、证券公司、保险公司、基金机构等大型机构投资者。

（3）**商业银行场外交易市场**。在这个市场上，参与者多为与商业银行进行交易的个人投资者。

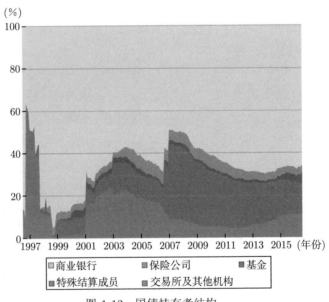

图 1-12 国债持有者结构

资料来源：中债登网站。

图 1-12 显示了 1997 ~ 2016 年国债持有者结构，囊括了所有期限、存托凭证和交易市场的国债。2016 年底，国债托管量为 10.8 万亿元，商业银行持有67.07%，特殊结算成员持有 15.09%，保险公司持有 3.23%。[1]国债的主要持有者是商业银行，通常超过 60% 的国债由商业银行持有，但随着时间的推移，这一比例发生了很大变化。在我们的样本期之初，即 1997 年末，商业银行持有的国债占总国债的比例略低于 50%，另外 50% 存放在交易所。1998 年，也就是银行间市场成立半年后，商业银行的持有量开始增加。1999 年，持有比例达到峰值，超过90%，2004 年稳步下降到 60% 左右。与此同时，特殊结算成员的持有比重增加，2007 年底达到近 40%。银行在 2008 年继续保持在 50% 左右，然后到 2014 年再次开始增加。

从 1998 年开始，特殊结算成员增加了国债持有量，其国债持有比例从接近于零到占整个市场的 10% 左右，之后一直保持在该水平，直到 2007 年其持有量急剧增加到 30% 以上，此后缓慢下降。但截至 2016 年底，特殊结算成员仍占有整个市场约 20% 的份额。

如图 1-12 所示，随着时间的推移，国债持有量有时会在短期内呈现突然变化，这在很大程度上是由制度变化导致的。例如，1997 年底，银行间债券市场刚成立，商业银行被禁止进入交易所，这导致大部分国债都从交易所撤出。

另一个重要趋势是，近年来交易所的市场份额显著下降。1998 年交易所市场份额约为 50%，1999 年，因大量份额转移至银行同业拆借市场，交易所市场份额几乎降至零；2003 年，份额反弹至 20%，但 2012 年底又回落至 2%；从 2016 年开始市场份额进行小幅攀升。另外值得注意的是，共同基金政府债券持有量占比很低，不超过几个百分点，这一现象反映了个人投资者对该市场较低的参与程度。

2. 交易机制

交易所市场和银行间市场也因交易机制而异。

（1）**交易所市场**。国债交易市场是一个订单驱动的市场，类似于股票交易。如前所述，中国证券登记结算公司（CSDC）负责监督在证券交易所交易债券的登

---

[1] 特殊结算成员机构包括政策性银行、人民银行、财政部、交易所、中债登和中证登等机构，其持有政府债券的主要目的是流动性管理。

记、存管和清算。交易所债券市场实行集中登记、两级存管、净额清算制度。

（2）银行间市场。与交易所市场相比，银行间市场是一个批发、报价驱动的市场。中央国债登记结算公司（CCDC）负责监督银行间债券市场的登记、存管和清算。与交易所市场不同，银行间市场的所有成员都直接在中央结算公司开立债券交易账户，直接参与债券的存管和清算。

3. 监管

监管框架由市场监管和机构监管两部分组成。中国人民银行（PBOC）和中国证监会（CSRC）负责市场监管，分别涵盖银行间市场和交易所市场。在机构监管方面，中国银保监会对全国银行业和保险业实行统一监管；中国证监会（CSRC）管理证券公司和基金机构。

1.3   公司信用债

1.3.1   发展历程

信用债领域有两种不同类型的发行机构：非金融机构和金融机构。非金融机构主要包括国有企业、大型民营企业和上市公司，而发行信用债的金融机构则包括商业银行、保险公司和证券公司。由于金融公司通常是国有企业，并带有隐性政府担保，因此它们的债券也称为金融债券，被认为具有相对较高的信用质量。本节将重点讨论非金融公司发行的信用债券，并在最后简要介绍金融债券。

中国的非金融公司信用债主要有四大类：企业债、公司债、短期商业票据和中期票据。[①] 截至 2021 年末，非金融债余额为 23.2 万亿元，与金融债规模相当；已发行的非金融债中，企业债 2.27 万亿元，公司债 10.48 万亿元，中期票据 8.09 万亿元，商业票据 2.36 万亿元。图 1-13 描绘了中国信用债市场（非金融发行机构）的增长情况。

这四种债券虽然都是由具有企业信用的主体发行，但它们的监管机构各不相同，并且在不同的市场发行和交易。企业债的发行经国家发展和改革委员会

---

① 其他企业信用债还包括超短期商业票据、永续中期票据、中小企业集合票据、定向增发票据、资产支持票据、项目收益票据、可转换公司债券、中小企业定向增发债券。由于这些债券不太常见，我们主要关注本书中的四个主要类别。

（NDRC）批准，该委员会的前身是国家计划委员会（SPC）。企业债在银行间债券市场和交易所市场发行交易，由中央结算公司统一托管。公司债受中国证监会监管。公司债仅在交易所债券市场发行交易，由中央国债登记结算有限责任公司（CSDCC）托管。短期商业票据和中期票据受中国银行间市场交易商协会（NAFMII）监管，该协会是由银行间市场参与者、中介机构及相关人员组成的银行间市场自律组织，经中国人民银行（PBOC）授权及监管。短期商业票据和中期票据在银行间债券市场发行和交易，由上海清算所托管。企业债和公司债为长期债；短期商业票据在一年内到期；中期票据的期限为 1 年至 10 年不等。

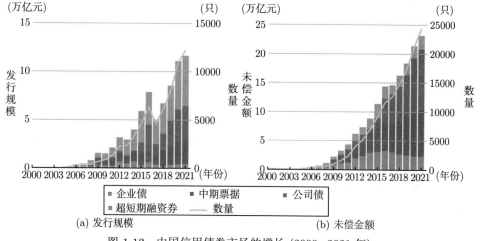

图 1-13　中国信用债券市场的增长（2000～2021 年）

资料来源：万得数据库。

1. 企业债

企业债券由企业发行，发行机构包括政府机关、集体所有制企业、国有企业等。早期企业债需要先申请最高人民法院批准，再由最高人民法院提交申请报国务院审查批准。复杂烦琐的申请流程在一定程度上抑制了企业债市场的发展。2006 年和 2007 年，企业债券分别仅发行 660 亿元和 1720 亿元；2008 年发行程序大幅简化，极大地促进了企业债市场的自主性；2008 年和 2021 年底，企业债发行量分别增至 2370 亿元和 4390 亿元。

2. 公司债

公司债是由上市公司和非上市公司发行的长期债券。与企业债相比，公司债的发展历史较短。虽然《中华人民共和国公司法》规定允许上市公司发行债券，但直到 2007 年 8 月，中国证监会才开始批准发行两只公司债券，其总规模为 50 亿元。公司债市场虽然历史较短，但发展迅速，尤其是在 2015 年证监会出台新规后。新政策下，公司债的发行主体由上市公司扩大到上市公司和非上市公司。此外，公司债还允许通过中国证监会管理的登记程序以非公开和公开的方式发行。因此，公司债券的总发行量从 2014 年的 184 只跃升至 2015 年的 472 只，总规模从 2820 亿元增长至 1.0 万亿元。2021 年末，公司债市场继续快速增长，共发行债券 4202 只，总规模为 4.8 万亿元。

3. 短期商业票据

短期商业票据由具有法人资格的非金融企业发行。类似于美国的商业票据，中国的短期商业票据是一种期限不超过 1 年的直接融资工具。短期商业票据于 1989 年在中国首次出现。早些年，短期商业票据的发行受到高度监管，需要得到中国人民银行的批准。1997 年，由于发生一系列违规事件，短期商业票据停止发行。2005 年，新的监管政策出台，短期票据市场重启。新政策规定，短期商业票据的发行由审批制转为注册制。2021 年，发行了 5200 亿元短期商业票据，托管总额达到 5307 亿元。[①]

4. 中期票据

中期票据的期限为 2 年至 10 年，填补了短期商业票据和企业/公司债券之间的空白。与短期商业票据类似，中期票据也由具有法人资格的非金融企业发行，在银行间债券市场交易。第一次中期票据发行发生在 2008 年 4 月 15 日，当时铁道部等 6 家公司共发行了 1190 亿元中期票据。中期票据于 2013 年 6 月 17 日前在中央结算公司发行并托管，之后新发行的中期票据由上海清算所托管。2021 年发行了 2534 只中期票据，发行规模为 2.5 万亿元。

---

① 上海清算所发布的 2021 年 12 月统计月报。

1.3.2　市场结构

中国公司信用债市场与国债市场类似，由交易所市场和银行间市场组成。商业银行场外市场也会发行公司信用债，但与其他两个市场相比较为少见，未偿金额也很小。

1. 交易所市场

交易所市场包括上交所和深交所，中国结算负责债券登记、登记和结算，受中国证监会监管。在四种公司信用债中，公司债和企业债可以在交易所市场交易，而短期商业票据和中期票据只能在银行间市场交易。

2016 年交易所市场发行规模为 661 亿元，仅占当年企业债发行总量的 11.16%；截至 2016 年底，交易所市场托管的企业债已达 9450 亿元，约占企业债未偿余额 26.68%。[①]

2021 年，公司债在交易所市场的发行规模为 4.8 万亿元；截至 2020 年末，交易所市场的托管量为 11206 只，规模为 11.75 万亿元。[②]

2. 银行间市场

公司信用债的银行间市场受中国人民银行监管，中央结算公司负责债券登记、存管和清算。在四种类型的公司信用债中，企业债、短期商业票据和中期票据可以在银行间市场交易，而公司债只能在交易所市场交易。

（1）企业债。2016 年，银行间市场发行规模为 5265 亿元，占企业债发行规模的 88.84%；截至 2016 年底，银行间市场托管的企业债总量为 2.6 万亿元，占总未偿金额的 73.03%。[③]

（2）短期商业票据。2021 年，银行间市场短期票据的发行规模为 5200 亿元；截至 2021 年末，短期商业票据的总未偿金额为 5307 亿元。

（3）中期票据。2021 年，中期票据在银行间市场发行数量为 2534 只，发行规模为 2.5 万亿元；截至 2021 年底，银行间市场的总托管量为 8.0 万亿元，其中 8.0 万亿元存于上海清算所，0.066 万亿元存于中央国债登记结算所。

---

① 中债登网站。

② 中国结算发布的 2021 年统计年报。

③ 中债登网站。

在四种类别的公司信用债中，企业债市场规模最大、发展历史最长。

图 1-14 展示了 1999～2020 年企业债、中期票据、公司债和商业票据这四类长期债券期限的价值加权平均值。从图 1-14 可以看出，企业债期限的加权平均值在 1999 ～ 2001 年维持在 3 年左右，到 2004 年 4 月末迅速上升到 11 年，然后开始稳步下降，到 2021 年底已降至 4 年左右。中期票据的加权平均期限在 2008 年时约为 4 年，之后稳步下降，在 2021 年底降至 2 年。公司债的加权平均期限在 2007 年 10 月末为 10 年左右，2014 年末逐渐下降至 3 年。截至 2021 年底，公司债加权平均期限略低于 3 年。商业票据的加权平均期限非常短，2005 年时期

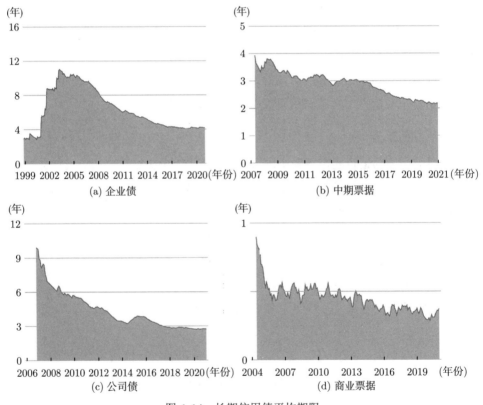

图 1-14　长期信用债平均期限

资料来源：万得数据库。

限不到 1 年，2006 年迅速下降到半年，到 2013 年维持在半年左右，然后开始逐渐下降，到 2021 年底期限为 4 个月。

1.3.3　公司信用债市场投资者结构

公司信用债的投资者类型因市场而异。

（1）**交易所市场**。交易所市场的参与者主要是中小投资者，包括个人投资者、非金融机构以及证券公司、基金机构和保险公司。

（2）**银行间市场**。银行间债券市场的投资者主要是大型机构。2016 年底企业债的总未偿金额为 3.5 万亿元，其中商业银行持有 5160 亿元，保险公司持有 1740 亿元，基金机构持有 1.7 万亿元。中期票据方面，在中央国债登记结算中心存管的总额 1.0 万亿元中，商业银行持有 3610 亿元，保险公司持有 950 亿元，基金机构持有 4780 亿元；在上海清算所的 3.4 万亿元人民币中，商业银行持有 1.0 万亿元，保险公司持有 1.3 万亿元，基金机构持有 2.1 万亿元。对于公司债券和短期商业票据，我们没有其投资者结构的详细数据。

由于可用数据有限，我们主要讨论企业信用债市场的投资者结构。图 1-15 显示了从 1998 年 6 月到 2017 年 8 月，所有期限、存托机构和市场的企业债券的投资者结构。从图 1-15 可以看出，随着时间的推移，企业债投资者结构发生了一些变化。一个变化是交易所持有量大幅下降，从 2003 年的近 100% 下降到 2010 年的 20% 以下，这是由于银行间债券市场快速发展。交易所持有量在 2012 年和 2016 年略有回升，到年底超过 30%。另一个变化是商业银行持有量。期初，即 2003 年，该数字接近于零，2009 年增至 30% 以上，此后一直保持在该水平，2016 年略有下降。在此期间，基金持有量也经历了较大的变化。2003 年其持有量非常小，2006 年中超过 10%，之后增长速度放缓。从 2010 年开始再次快速增长，于 2013 年上半年达到 28% 左右后略有下降，之后迅速进入新一轮增长。2016 年末基金持有量超过 47%。在此期间，特殊结算成员企业债持有量并不高，在 0~1.3% 之间浮动。由于通过交易所市场持有的企业债券主要以个人投资者为主，图 1-15 清楚地展示了企业债从个人投资者向机构投资者转移的趋势。

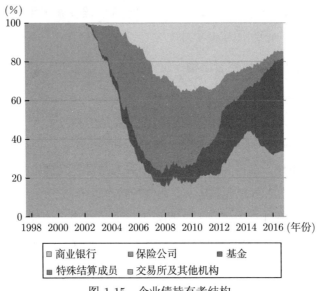

图 1-15   企业债持有者结构

资料来源：中债登网站。

1.4   其他债券

除上述政府债券和非金融企业信用债券外，中国债券市场还有其他种类的债券交易。我们简单介绍两大类：央行票据和金融债券。

1.4.1   央行票据

央行票据是中国人民银行向商业银行发行的短期债务凭证，期限为 3 个月至 3 年。2002 年 6 月，为扩大公开市场操作工具，提高货币政策执行效率，特别是应对外汇储备波动，中国人民银行开始在银行间债券市场发行票据。截至 2002 年底，央行票据未偿总额达到 140 亿元。

图 1-16(a) 显示了 1997~2016 年中国人民银行票据的每月发行规模，图 1-16(b) 显示了以面值计算的未偿金额。从图 1-16 可以看出，2004~2010 年央行票据市场快速增长，未偿金额从 1 万亿元增加到 4 万亿元以上。然而，从 2010 年开始市场规模逐渐萎缩，到 2016 年底未偿金额已降至零。

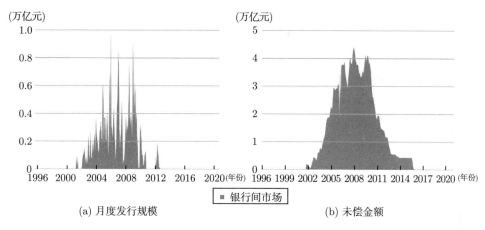

(a) 月度发行规模　　　　　　　　　　　　　　(b) 未偿金额

图 1-16　央行票据月度发行规模及未偿金额

资料来源：中债登网站。

1.4.2　金融债券

金融债券是指商业银行等金融机构发行的债券。2021 年末人民币金融债券余额为 24.87 万亿元，其中，存单 13.91 万亿元，商业银行、保险公司、证券公司等金融机构发行的优先级和次级债 10.96 万亿元。图 1-17 描绘了 2000~2021 年中国金融债券市场的增长情况。

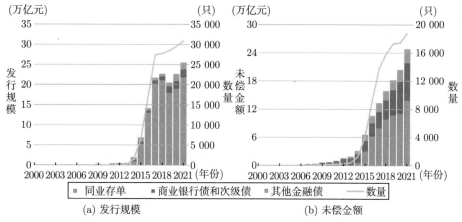

(a) 发行规模　　　　　　　　　　　　　　　　(b) 未偿金额

图 1-17　2000~2021 年中国金融债市场规模变化

资料来源：万得数据库。

1. 发展历程

（1）存款证（CDs）。存款证是存款机构在银行间市场发行的短期票据。存款证的典型发行人是国有商业银行、股份制商业银行、城乡商业银行，合计占发行量的 99% 以上。存款证由发行银行担保，信用质量高，在二级市场享有相对较好的流动性。存款证的利率与上海银行同业拆借利率 (SHIBOR) 密切相关，提供比政府债券更高的溢价，使其成为受欢迎的货币市场工具。存款证的主要投资者为商业银行和投资基金（如银行理财产品、证券投资基金、企业年金、社保基金、保险产品、信托产品、养老基金、私募基金等）。2021 年末，存款证在上海清算所的托管金额为 13.91 万亿元，其中商业银行持有 3.98 万亿元，投资基金持有 0.0016 万亿元。

（2）金融债和次级金融债。金融公司可以发行长期债券和次级债券。2021 年末，商业银行金融债托管余额为 8.0 万亿元，证券公司为 2.46 万亿元，保险公司为 0.49 万亿元。这些债券只能在银行间市场交易。

2. 金融债特点

（1）发行机制。金融债的一级市场和二级市场由证券交易所主导。在中国人民银行的监管下，金融债的发行被分配至各国有商业银行。随着银行间债券市场这一以机构投资者为主体的场外交易市场的建立，债券发行的市场化机制也建立起来。自 1998 年以来，金融债的发行过程遵循典型的承销程序，即簿记和招标，其利率由市场供求决定。

（2）信用等级较高。金融债的发行主体通常是信用良好的金融机构，因此金融债信用等级较高，尤其是获得中央政府支持的政策性金融债券。目前，所有金融债券的信用等级均在 AA 以上。

（3）期限较长。一般而言，政策性银行发行的高级和次级金融债券用于支持长期基础设施项目。商业银行发行的次级和混合资本债券是资本补充债券，期限不低于 5 年，而普通金融债券是短期流动性债券，期限不超过 3 年。

1.5　资本市场开放

在严格的资本账户管控下，中国金融市场对境外投资者基本是关闭的。近年来，中国政府实施了多项计划逐步向跨境投资开放中国金融市场。除了前文讨论的 B 股市场以及 QFII 和人民币 QFII（RQFII）计划，最近的陆港通、沪伦通和债券通等资本市场互联互通计划得到了广泛的关注。

1.5.1　陆港通

陆港通（沪港通和深港通）的出现打开了股票市场双向开放的格局。沪港通于 2014 年 11 月正式启动，通过上交所与香港联交所建立的基础设施互相连接的通道，两地投资者可以通过当地证券公司（或经纪商）买卖规定范围内的对方交易所上市的股票。而深港通在"与沪港通保持基本框架和模式不变"的原则下于 2016 年 12 月正式启动，参照沪港通规则，继续深化双向开放思想，实现了深交所与香港联交所的互联互通。

1.5.2　沪伦通

沪伦通于 2019 年 6 月正式运行。沪伦通将境内外基础股票转换为存托凭证实现"产品"跨境，存托凭证和基础股票之间可以相互转换，并因此实现了两地市场的互联互通。存托凭证的交易结算安排则与本地的股票交易机制接近，以方便投资者按照本地的交易习惯和交易时间完成交易结算。沪伦通包括东西两个业务方向。东向业务是指符合条件的伦交所上市公司在上交所主板上市中国存托凭证（CDR）；西向业务是指符合条件的上交所的 A 股上市公司在伦交所主板发行上市全球存托凭证（GDR）。

1.5.3　债券通

债券通是中国内地与香港债券市场互联互通的创新合作机制，境内外投资者可通过香港与内地债券市场基础设施连接，买卖香港与内地债券市场交易流通的债券。债券通于 2017 年 7 月启动"北向通"业务。通过内地和香港金融市场基础设施间的联通，允许国际投资者在不改变原有交易结算制度安排和习惯的情况下，接入并投资中国银行间债券市场的所有类型债券。2019 年 9 月，中国人民银行与香港金融管理局发布联合公告，宣布将开展香港与内地债券市场互联互通南向合作，债券通的"南向通"业务正式开启，为内地机构投资者投资香港及全球债券市场提供便捷通道。

第 2 章　股票和债券的历史收益

自 20 世纪 90 年代初重启以来，中国资本市场实现了惊人的增长。关于其发展历程的研究，不仅可以揭示市场中不同类别资产的风险和收益之间的基本关系，也可以为其"如何在相对较短的时间内成为世界上最重要的资本市场之一"这一问题提供一些线索。尽管此间资本市场的一系列发展路径具有独特性，鉴于政治、经济和监管环境，我们仍然可以对市场现状及其未来演变方向作出有意义的推断。本章研究了中国资本市场中主要类别资产的风险和收益、其随时间的变化趋势以及其面对重大经济冲击，如监管变化、市场周期、通货膨胀和其他因素时的反应。

2.1　基本收益序列

在本书的其余部分，我们研究了大公司股票、小公司股票、长期国债、中期国债、短期国债、长期信用债和通货膨胀率等 7 个资产类别的基本收益序列的统计特性。[①]

在介绍不同资产类别的基本收益和风险特征之前，我们首先简述资产基本收益序列的定义以及其构建方式。

2.1.1　大公司股票和小公司股票

从 1992 年到 2020 年，每年年末，我们根据流通股市值将所有在上交所和深交所主板上市的 A 股股票分成十等份。对于在深圳中小企业板和创业板上市的股票，我们根据其流通股市值与主板断点的关系将其分配到适当的十分位组。由于与主板上市的股票相比，中小板和创业板上市的股票的市值通常很小，这种构建方法可以避免小分位点被这些小公司股票主导而导致的潜在偏差。大公司投资组合和小公司投资组合分别是第一个十分位和最后一个十分位。

[①] 为了更好地将中国市场与美国市场作对比，此处所用的研究方法与 SBBI 年鉴相似。详情可参见 *2016 SBBI Yearbook*, Wiley, 2017.

投资组合在每年年底进行重新调整，只保留市值有效的股票，市值的计算方法为总流通 A 股与两个交易所年内最后一个交易日收盘价的乘积。仅使用流通 A 股来计算上市公司的总市值有两个原因：一是一般境内投资者只能投资流通 A 股，无法投资 B、H 等非流通股或其他类型的流通股；二是非流通股交易不活跃，其交易价格并非在公开市场上确定，而是通过私下协商确定，因此通常以账面价值为基准。

2.1.2 长期国债

考虑到早期银行间市场流动性较差，我们仅将 2011 年以后的银行间交易国债纳入长期国债收益率序列构建。也就是说，1997~2010 年构建的长期国债收益序列基于上海证券交易所交易的国债，2011 年之后的序列基于交易所和银行间两个市场交易的国债。

在长期国债序列构建的过程中，每一年我们尽可能选择剩余期限最接近 10 年的单个债券。债券在日历年内持有，并据此计算回报。债券的选择范围为剩余期限在 8~12 年的固定票息国债，并且在上一年至少交易了 48 天（如果债券在年内发行，则按发行时间调整）。我们优先选择最近发行且在售的 10 年期债券，其次选择最接近 10 年期的债券。当有两只在售债券同时符合上述条件时，我们优先选择在上交所交易的债券。

2.1.3 中期国债

与长期国债收益率序列类似，我们仅基于在上交所交易的国债构建 1997~2010 年期间的中期国债序列，基于在交易所和银行间两个市场交易的国债构建了 2011 年以后的中期国债序列。构建的序列由每年剩余期限最接近五年的单个债券组成。债券在日历年内持有，并据此计算回报。所选债券均为剩余期限在 4~6 年的固定票面国债，并且在上一年至少交易了 48 天（如果债券在年内发行，则按其发行时间调整）。我们优先选择最近发行的且在售的 5 年期债券，其次选择最接近 5 年期的债券。当有两只在售债券同时符合上述条件时，我们优先选择在上交所交易的债券。

2.1.4　短期国债

与长期和中期国债收益率序列类似，我们仅基于在上交所交易的国债构建 1997~2010 年的短期国债序列，基于在交易所和银行间两个市场交易的国债构建了 2011 年以后的短期国债序列。构建的序列由每年剩余期限最接近 1 年的单个债券组成。所选债券均为剩余期限在 9 个月至 4 年之间的固定票面国债，并且在上个月至少交易了 4 天（如果债券在当月发行，则按发行时间调整）。我们优先选择最近发行且在售的 1 年期债券，其次选择最接近 1 年期的债券。当有两只在售债券同时符合上述条件时，我们优先选择在上交所交易的债券。年收益通过复合月收益计算得出。

传统上，短期国债的收益被视为相应期限内的无风险收益。但是，由于财政部很少发行短期国债，所以我们使用剩余期限最接近 1 年的中长期国债来代替。[①]

2.1.5　长期信用债

2000 年至 2021 年末的长期信用债年收益率序列由在银行间、上交所和深交所交易的企业债、中期票据和公司债构成。我们剔除了城投债、金融机构发行的债券、可赎回和可回售债券以及浮动利率债券。信用债序列基于剩余期限超过 2 年并在前一个月至少交易 4 天的债券每月构建一次。每月投资组合收益为所有符合条件债券的价值加权平均收益。我们将债券的收益率在 0.5% 和 99.5% 的水平上进行了缩尾处理，以减轻极端收益的影响。年收益通过复合月收益计算得出。

2.1.6　通货膨胀

我们采用未经季节调整的城市消费者价格指数来衡量通货膨胀，即消费品价格的变化率。我们使用月度消费者物价指数（CPI）来计算消费品价格的变化率，然后将每月的变化进行复合以获得每年的 CPI 变化。我们还将通货膨胀视为一种资产类别，假设一类虚拟投资产生的收益恰好等于通货膨胀率。

---

① 另一种方法是用期限为一年的中央银行票据，利用其无风险收益（名义收益）进行分析。然而，这种选择有两个缺点。首先，央行票据的主要发行对象是商业银行，而不是一般公众；其次，它们的历史更短。此外，它们的发行模式更不稳定，这可能会对其价格造成额外的冲击。

2.1.7　财富指数

我们考虑在给定资产类别的期初假设投资 1.00 元。然后，我们计算给定时期内的累积投资回报，以此计算该资产类别相关的财富指数。因此，7 个类别资产的累积回报为我们提供了 7 个财富指数的时间序列。

2.1.8　对数刻度

在展示财富指数的变化时，我们将在纵轴上使用对数刻度，横轴上显示日期。对数刻度可以直接比较序列在不同时间点的行为。具体来说，相同的垂直距离——无论它在图表上的哪个位置——都代表相同的百分比变化。因此，对数刻度可以让我们比较不同时间段的投资表现，也就是说，读者可以专注于回报率，而不必担心具体数额的投资是何时进行的。此外，对数刻度还可以让读者更仔细地观察和比较各个时间序列在不同时期的波动。

2.2　股票、债券和通货膨胀的历史收益

图 2-1、图 2-2、图 2-3 分别代表了财富指数，即分别于 1993 年初、1997 年初和 2000 年初将 1.00 元人民币投资于 7 个类别的资产，所得财富截至 2021 年底的增长情况。通过 3 个图来展示的原因是，对于不同的资产类别，数据的起点也并不相同。例如，由于股票数据是 1992 年以后才有的，所以大公司股票和的起点是 1993 年 1 月 1 日；国债收益从 1997 年 1 月 1 日之后才有较高质量的数据，因此其序列起点为 1997 年 1 月 1 日；而对于企业债券，2000 年之后才有可得数据。因此，不同的资产类别具有不同的时间跨度。为使不同资产类别具有可比性，我们用 3 张图来展示其收益，并根据其时间跨度调整相应的指数。

图 2-1 显示了 1993~2021 年将 1.00 元投资于大公司股票、小公司股票和以通货膨胀率增长的虚拟资产所获得财富的增长情况。1992 年末投资于小股票组合的 1.00 元，到 2021 年底将变为 112.89 元，而投资于大公司股票的收益仅为 6.84 元。同期，如果将 1.00 投入通胀指数，到 2021 年末将得到 2.90 元。值得注意的是，1993~2021 年的 29 年间，大公司股票投资组合的增长率仅略微高于通货膨胀。

图 2-1 中国资本市场投资财富指数 (1992 年末 = 1.00 元)

在图 2-1 中, 我们发现大公司股票投资组合的价值与小公司股票投资组合的价值之间存在显著联动。这两个序列都在 1994 年中期下降。在 20 世纪 90 年代初期, 市场改革显著改善了普通家庭的生活质量。与此同时, 旺盛的消费需求推高了物价, 导致高通胀。1994 年 10 月, CPI 同比上涨 27.5%, 达到历史高点, 这一变化也反映在通胀序列中。一年期存款利率同时攀升至 10.98%。1994 年, 股指从 833 点下降到 400 点。经过近两年的变动, 1996 年下半年大公司指数和小公司指数大幅上涨, 中国股市历史上第一个牛市时期出现。1996 年, 由于个人投资者热情高涨, 加上财政政策刺激, 上证综指上涨 65.14%, 深证成指上涨 225.75%。为缓解市场过度反应, 中央出台多项政策, 包括提高交易税, 为市场降温, 这导致了 1997 年大公司指数和小公司指数的下降。不久, 小公司指数反弹并继续增加, 直到 2001 年达到历史新高。1992 年末在小公司股票中投资 1.00 元, 到 2001 年将获得 10.00 元以上的财富。2001 年之后, 股市转为看跌。2005 年和 2006 年, 小公司股票投资组合相对其峰值下跌了 60% 以上。在 2006 年跌至最低后, 小公司股票开始逐步攀升。2007 年, 小公司指数达到第二个高峰, 在 20.00 元附近, 大公司指数达到历史新高。同年，上证综指飙升至 6124 点，创历史最高水平。然而，仅仅半年之后，就因全球金融危机而大跌，前期的利润几乎全部化为乌有。2011年，小公司股票组合达到历史第三个高峰。大公司股票的收益也呈现出类似的模式，区别在于，其经历了 2007 年和 2008 年的大跌后，只实现了部分回升，距离2007 年的最高水平还有一段距离。2014～2015 年，股市又经历了一个周期。股票先是大幅上涨，尤其是中小股，到 2015 年中又大幅回落。从图 2-1 我们还可以看到，在中国股市的整个历史上，小公司股票组合的表现几乎都优于大公司股票组合。

图 2-2 展示了 1997 年初将 1.00 元投资于大公司股、小公司股、长期国债、短期国债以及以通货膨胀率增长的虚拟资产后，截至 2021 年底所获得财富的变化情况。与图 2-1 不同，图 2-2 增加了两个资产类别，即长期国债和短期国债。而且图 2-2 的起始年份是 1997 年，而图 2-1 的起始年份是 1993 年。原因是，在 1997年之前，国债的数量很少，数据可用性不高。为了使不同的资产类别具有可比性，我们将图 2-2 中的所有资产类别均置于 1997～2021 年的时间跨度。

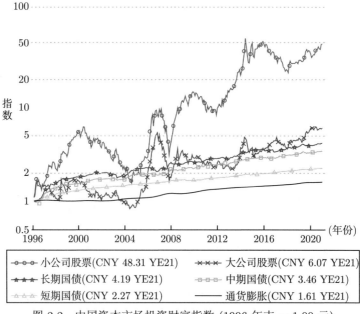

图 2-2 中国资本市场投资财富指数 (1996 年末 = 1.00 元)

在此期间，1997 年初将 1.00 元投资于长期国债，到 2021 年底增长为 4.19元，而将 1.00 元投资于短期国债将得到 2.27 元。同期，投资于大公司股票和小公司股票的 1.00 元分别增长至 6.07 元和 48.31 元。可以看出，在此期间大公司股票表现落后于长期国债。此外，这四个资产类别的投资均跑赢了同期通胀指数的 1.61 元。如图 2-1所示，大、小公司股票经历了 1996 年、2007 年和 2009 年三个牛市时期，以及 2004 年和 2008 年两个熊市时期。与波动较大的股票指数相比，长期和短期国债指数都遵循了相当平稳的增长路径。值得注意的是，长期国债指数与股票指数的走势相反。

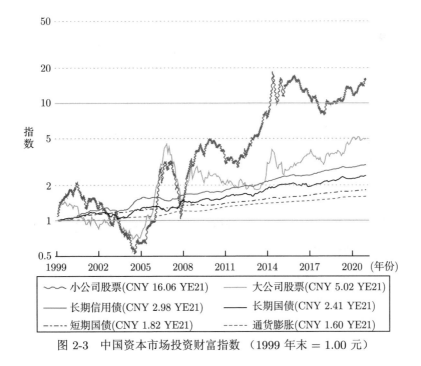

图 2-3　中国资本市场投资财富指数　（1999 年末 ＝ 1.00 元）

图 2-3展现了 2000 年初将 1.00 元投资于大公司股票、小公司股票、长期国债、短期国债、长期信用债以及以通胀率增长的虚拟资产后，截至 2021 年底所获得财富的增长路径。在这里，我们增加了长期信用债，并将时间跨度缩短至从2000 年开始，因为这是可得的企业债数据的第一年。

在此期间，在 1999 年底投资于短期和长期国债的 1.00 元将于 2021 年底分别增长至 1.82 元和 2.41 元。投资于长期信用债的 1.00 元将增至 2.98 元，跑赢国债。同期，大公司股和小公司股投资所获财富分别为 5.02 元和 16.06 元，高于公司股和国债。此外，2021 年底，上述五种资产类别在此期间均跑赢通胀，超过 1.60 元。

上述所有结果都默认将股息再投资于股票或债券息票，并且不考虑税收和交易成本。

1. 大公司股票和小公司股票

如图 2-1所示，1993 年 1 月 1 日构建的大公司股票指数为 1.00 元，到 2021 年底增长到 6.84 元，复合年收益率为 6.85%。同期通胀指数为 2.90 元。1993~2021 年，大公司股票的通胀调整后总收益为 2.36 元，每年的复合实际收益率仅为 3.00%。

在 1993~2021 年的 29 年里，小公司股票的表现优于大公司股票及其他类别的资产。1993 年 1 月 1 日对小公司股票投资组合的 1.00 元投资，在 2021 年底将增加到 112.89 元，复合年回报率为 17.70%。在调整了通货膨胀后，小股票的实际总收益为 38.89 元，其每年的复合实际收益率为 13.45%。

2. 短期国债

1997 年初将 1.00 元投资于短期国债，到 2021 年底将获得 2.27 元，其复合年收益为 3.33%。经通货膨胀调整后，该投资的最终价值为 1.41 元，即 1997~2021 年每年的复合实际回报率为 1.37%。

同期，大公司股票和小公司股票从 1.00 元分别增长到 6.07 元和 48.31 元，其股票复合年收益率分别为 7.48% 和 16.78%。同期，大公司股票和小公司股票经通胀调整后的实际收益率分别为 5.45% 和 14.57%。可以明显看出，从 1997 年到 2021 年底，股票的名义和实际表现都优于短期国债。

3. 长期和中期国债

1997 年初，在长期和中期国债各投资 1.00 元。以 10 年期国债构建的长期国债，其总收益指数在 2021 年将增长到 4.19 元。长期国债在 1993~2021 年的复合年收益率为 5.90%。经通胀调整后，此期间长期国债的年化实际收益率为 3.90%。

1996 年底投资于中期国债的 1.00 元将于 2021 年增长为 3.46 元，略低于长期国债的 4.19 元。中期国债的复合年收益率为 5.09%，接近于长期国债。中期国债在此期间的平均实际收益率为 3.10%。

与同期股票表现相比，中长期国债的回报率远低于小公司股票，但略高于大公司股票。

4. 长期信用债

从 2000 年到 2021 年底，长期信用债的表现均优于长期和短期国债，复合年增长率为 5.08%。2000 年初投资于长期信用债指数的 1.00 元在 2021 年末将增长至 2.98 元。同期，将 1.00 元投资于小公司股票将获得 16.06 元，复合年化收益率为 13.45%；投资于大公司股票将获得 5.02 元，收益率为 7.61%；投资于长期国债将获得 2.41 元，收益率为 4.08%；投资于短期国债将获得 1.82 元，收益率为 2.77%；投资于通胀指数将获得 1.60 元，复合年收益率为 2.17%。显然，在此期间，长期信用债券的表现逊于大、小公司股票，但优于国债和通胀。此处讨论的几乎所有长期信用债券都是由国有和地方政府所属企业或机构发行的，因此违约风险可以忽略不计。此外，很明显，股票指数的波动性远高于固定收益指数和通胀指数，而后者的上涨趋势普遍较为平稳。

5. 通货膨胀

1993~2021 年的复合年化通货膨胀率为 3.74%。通货膨胀指数从 1992 年初的 1.00 元开始，增加到 2021 的 2.90 元。值得注意的是，1993~1996 年中国经历了高通胀时期，城镇居民 CPI 年均增长 16%，期间累计上涨 80.5%。然而，自 20 世纪 90 年代后期以来，中国经历了 1998~2000 年和 2001~2003 年的两个温和通货紧缩时期，而 21 世纪头十年其他时期的通货膨胀相对较低且稳定。

2.3　总收益的汇总统计

表 2-1 列出了 1993~2021 年 7 种资产类别的年回报率的汇总统计数据。由于原始数据限制，每个资产类别的实际时间跨度不同。大公司股票和小公司股票以及通货膨胀数据时间跨度为 1993~2021 年（29 年）；国债数据时间跨度为

1997~2021 年（25 年）；而企业债的数据时间跨度为 2000~ 2021 年（仅 22 年）。
统计数据基于可用数据计算得出。

表 2-1	年度收益的汇总统计 (1993~2021 年)			单位：%
类别	几何平均值	算术平均值	标准差	收益分布
大公司股票	6.85	17.06	54.19	
小公司股票	17.70	29.98	62.91	
长期信用债	4.89	5.03	5.73	
长期国债	5.90	6.26	9.08	
中期国债	5.09	5.22	5.48	
短期国债	3.33	3.35	2.22	
通货膨胀	3.75	3.89	5.66	−100 −50　0　50　100

　　表 2-1 列出了 7 种资产类别年收益率的算术和几何平均值及其标准差。显然，
股票和债券收益的算术平均值通常大于或等于其几何平均值。由于算术平均值和
几何平均值的差值与序列的标准差有关（詹森不等式），该差值在很大程度上反
映了收益的波动性。

　　从收益的算术平均值来看，小公司股票在所有资产类别中排名第一，为 29.98%。
紧随其后的是大公司股票，其收益的算术平均值为 17.06%。长期和中期国债收益
的算术平均值分别为 6.26% 和 5.22%。长期信用债和短期国债的算术平均收益率
分别为 5.03% 和 3.35%，甚至低于平均通胀率 3.89%。

收益的算术平均值排名也与资产收益的波动性一致。小公司股票指数的年波动率为 62.91%，大公司股票指数的波动率略低，为 54.19%。长期国债和长期信用债波动性都较大，分别为 9.08% 和 5.73%，但低于股票波动性。中期和短期国债的波动率最低，分别为 5.48% 和 2.22%。由于早期样本期通货膨胀率较高，通货膨胀的整体波动性相当大，达到 5.66%。

鉴于各种资产，尤其是股票，财富指数波动性较高，它们的几何平均值远低于其算术平均值。小公司股票的几何平均收益率为 17.70%，而大公司股票仅为 6.85%，反映了这一时期高波动性对长期股票投资者的负面影响。

表 2-1 最后一列显示了每个资产类别的收益分布直方图。x 轴代表收益，范围为 −100% ～ 100%，间隔为 10%，y 轴代表频率百分比。从直方图可以明显看出，一方面，风险较高的资产收益分布更分散，例如，大公司股票和小公司股票指数的收益分布范围为 −50%～90%，与政府和公司相比波动较大；另一方面，风险较低的资产（如国债）的回报集中在其平均值附近，略微高于零，中短期国债和通货膨胀的分布直方图显示，它们的年收益率在样本期内都是正的。

表 2-1 总结了 1993～2021 年整个样本期间 7 种资产类别的表现，而表 2-2 列出了 7 种资产在不同时段的统计数据。时间跨度为 1997～2021 年和 2000～2021 年，2000～2021 年时段不存在资产数据缺失的情况。在不同时期，收益和标准差的基本模式是相似的。一个显著的区别是，通货膨胀在第二个时段明显较低。可以看到，在这两个时段，大公司股票的实际年收益率（几何平均收益率）与长期政府债和信用债的收益率相当。

表 2-2	分期年收益汇总统计				单位：%	
类别	1997～2021 年			2000～2021 年		
	几何平均值	算术平均值	标准差	几何平均值	算术平均值	标准差
大公司股票	7.48	16.29	49.07	7.61	17.03	51.15
小公司股票	16.78	30.08	66.02	13.45	28.08	70.22
信用债	4.89	5.03	5.73	5.08	5.24	5.98
长期国债	5.90	6.26	9.08	4.08	4.32	7.38
中期国债	4.89	5.02	5.46	3.69	3.76	4.12
短期国债	3.33	3.35	2.22	2.77	2.78	1.43

2.4　通胀调整后的股票和债券收益率

图 2-1、图 2-2 和图 2-3 中呈现的财富指数变化是名义上的，并没有根据购买力的变化进行调整。图 2-4、图 2-5 和图 2-6 展示了通胀调整后的财富指数，即分别在 1993 年、1997 年和 2000 年初将 1.00 元投资于 7 个资产类别，截至 2021 年底所得财富剔除通胀后的增长情况。

图 2-4 绘制了 1993 年初投资于大公司股票和小公司股票的 1.00 元人民币，截至 2021 年剔除通货膨胀后的增长情况。在此期间，小公司股票实现了大幅增长。如前所述，1993 年初投资于小公司股票的 1.00 元，按实际价值计算，即按 1993 年人民币计算，在 2021 年底增长至 38.89 元。相比之下，大公司的股票表现不佳——2021 年底，按实际价值计算，1.00 元的投资在 29 年的时间里只增长到 2.36 元。与名义收益率类似，大公司股票和小公司股票通货膨胀调整后的收益率也经历了巨大波动。这些波动的幅度相当，表明这两个资产类别的风险相似。

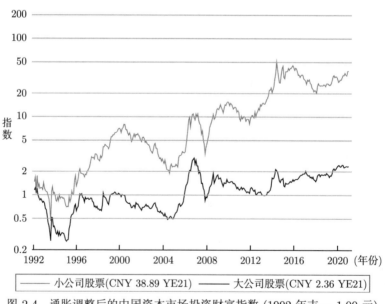

图 2-4　通胀调整后的中国资本市场投资财富指数 (1992 年末 = 1.00 元)

图 2-5 绘制了 1997~2021 年，将 1.00 元投资于大公司股票、小公司股票、长期国债和短期国债通胀调整后的财富增长情况。与前文相似，由于中期国债与长

期国债的增长路径非常接近，此处略去了中期国债。在 25 年期间，1997 年初投资于短期和长期国债的 1.00 元到 2021 年末分别实际增长至 1.41 元和 2.60 元。同期，投资于大公司股票和小公司股票的 1.00 元实际价值分别增长为 3.77 元和 29.97 元。

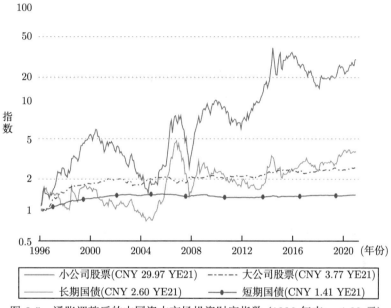

图 2-5　通胀调整后的中国资本市场投资财富指数 (1996 年末 = 1.00 元)

　　图 2-6展示了在 2000 年初投资于大公司股票、小公司股票、长期国债、短期国债和长期信用债的 1.00 元到 2021 年末经通胀调整后的实际价值。在这 22 年期间，2000 年初投资于短期和长期国债以及长期信用债券的 1.00 元在 2021 年末的实际价值分别增长到 1.14 元、1.50 元和 1.86 元。同期，投资于大公司股票和小公司股票的实际价值分别增长为 3.13 元和 10.02 元。

　　表 2-3 总结了 6 种基本资产类别的通胀调整收益，即实际收益。与表 6-1 中描述的名义收益相比，实际收益的均值较低，其差值接近平均通货膨胀率。尽管通货膨胀每年有所不同，但其短期内相对平稳。在这种情况下，其对收益波动的影响是有限的。从表 6-1 中，我们看到通胀调整后收益的波动幅度与未调整收益的幅度相似。

图 2-6　通胀调整后的中国资本市场投资财富指数 (1999 年末 = 1.00 元)

表 2-3	年实际收益的汇总统计 (1993~2021 年)		单位: %
类别	几何平均值	算术平均值	标准差
大公司股票	2.99	13.34	52.57
小公司股票	13.45	25.78	62.02
长期信用债	2.91	3.06	5.85
长期国债	3.90	4.27	9.10
中期国债	3.10	3.25	5.74
短期国债	1.37	1.42	3.04

　　就长期表现而言, 1993~2021 年小公司股票表现最好, 经通胀调整后的年均收益率为 13.45% (几何平均回报)。然而, 大公司股票通胀调整后的年平均收益率仅为 2.99%。1997~2021 年短期国债的平均收益率为 1.37%。在同一时期, 长期和中期国债经通胀调整后的年平均收益率分别为 3.10% 和 3.90%。2000~2021 年长期信用债通胀调整后的年均收益率仅为 2.91%。

　　从平均年收益率 (算术平均值) 来看, 经通胀调整后, 小公司股票的价值最高，为 25.78%；其次是大公司股票，为 13.34%。如前文所述，股票的算术平均收益和几何平均收益之间的较大差异是由其高波动性所导致的。债券的年均通胀调整后收益率范围从短期国债的 1.42% 到中长期国债的 3.25% 和 4.27%，再到长期信用债的 3.06%。

值得注意的是，对于大公司股票和小公司股票，在调整通货膨胀后标准差会略微降低。在债券收益方面，通胀对其波动性的影响有限——除了短期国债，其收益波动性在调整通胀后增加。

6 种类型的资产通胀调整收益与名义收益率的波动率表现出相似的变化模式和变动幅度。大公司和小公司股票实际年收益的波动率分别为 62.02% 和 52.57%，数值非常接近。中期和长期国债通胀调整后年收益率的波动率分别为 5.74% 和 9.10%。长期信用债券实际年收益的波动率为 5.85%。

2.5　资本增值、收入以及再投资收益

表 2-4 列出了大公司股票、长期国债、中期国债收益率的详细信息。总收益可以分为资本增值收益、收入收益和再投资收益三部分。再投资收益表示在给定年度将剩余月份的每月收入再投资于总收益指数所得的回报。资本增值和收入部分参见 2.3 节中的解释。

年度总收益是通过复合每月总收益来计算的，不等于资本增值部分和收入部分的加和。其差值来自再投资回报部分。例如，2006 年总收益为正，大公司股票的年总收益为 122.49%。但是，年资本增值收益（117.28%）和年收入收益（3.37%）之和只有 120.65%。1.84% 的差距（122.49%−120.65%，差异是由于四舍五入造成的）源于对大公司指数股息的再投资。关于年度总收益和收入收益的详细计算，请参阅第 5 章。

大公司股票的月收入收益和资本增值收益分别见附表 1-2 和附表 1-3。长期国债的月收入和资本增值收益见附表 1-12 和附表 1-13。中期国债的相关收益见附表 1-16 和附表 1-17。

表 2-4　　大公司股票、长期国债和中期国债的年度总收益、收入收益、资本增值收益和再投资收益　　　　单位：%

年份	大公司股票				长期国债					中期国债				
	资本增值收益	收入收益	再投资收益	总收益	资本增值收益	收入收益	再投资收益	总收益	年末收益率	资本增值收益	收入收益	再投资收益	总收益	年末收益率
1993	-11.01	0.45	-0.08	-10.65										
1994	-42.30	0.78	0.07	-41.45										
1995	-17.66	2.22	-0.31	-15.76										
1996	152.93	2.15	0.38	155.46										
1997	46.23	0.86	-0.05	47.05	17.20	10.56	1.58	29.34	6.89	9.50	8.99	0.98	19.47	7.02
1998	-27.48	0.58	-0.09	-26.99	11.40	8.10	0.34	19.84	4.84	7.39	7.93	0.18	15.50	4.94
1999	11.65	1.19	-0.22	12.62	5.15	7.08	0.00	12.23	3.52	1.84	7.38	-0.11	9.11	3.65
2000	36.32	0.61	-0.02	36.91	0.88	3.35	0.00	4.23	3.43	-5.05	8.11	-0.19	2.86	3.88
2001	-27.65	0.74	-0.15	-27.06	3.05	3.36	0.05	6.46	2.98	-1.01	8.57	-0.04	7.52	2.87
2002	-15.87	1.19	-0.20	-14.88	0.82	3.03	-0.03	3.83	2.87	-4.88	8.59	-0.30	3.41	2.61
2003	11.34	1.28	-0.02	12.60	-4.36	2.57	-0.05	-1.84	3.27	-0.03	2.65	0.01	2.62	2.64
2004	-19.40	1.35	-0.14	-18.19	-9.63	3.24	-0.08	-6.48	5.10	-4.97	3.01	-0.02	-1.98	4.52
2005	-5.96	2.12	0.08	-3.76	15.75	3.54	0.16	19.45	3.11	7.84	4.25	0.08	12.17	2.36
2006	117.43	3.38	1.78	122.59	-0.51	4.04	-0.05	3.48	3.03	-0.86	2.18	-0.01	1.32	2.85
2007	150.67	1.41	0.50	152.58	-8.03	2.84	-0.08	-5.27	4.58	-6.36	4.42	-0.12	-2.06	4.18
2008	-65.28	0.64	-0.23	-64.88	17.79	3.14	0.34	21.27	2.63	10.71	3.31	0.23	14.25	1.93
2009	91.99	1.96	0.26	94.21	-6.80	2.62	-0.03	-4.21	3.66	-3.32	2.90	-0.01	-0.43	2.80
2010	-18.53	1.53	0.12	-16.87	-0.40	3.81	-0.11	3.31	3.98	-0.98	4.28	-0.08	3.22	3.37
2011	-17.63	1.92	-0.27	-15.98	3.09	3.76	0.09	6.94	3.60	3.59	3.02	0.04	6.66	3.47
2012	3.84	2.50	0.11	6.45	0.39	3.57	-0.03	3.94	3.57	-0.93	3.23	-0.03	2.27	3.18
2013	-13.12	2.99	0.05	-10.07	-5.79	3.57	-0.16	-2.37	4.37	-0.52	2.97	0.02	2.47	3.42
2014	54.42	4.01	2.27	60.70	10.20	4.41	0.16	14.77	3.64	3.38	3.95	0.04	7.38	3.59
2015	-2.11	2.25	-0.20	-0.06	5.62	3.79	0.10	9.51	3.03	2.10	3.49	0.01	5.60	3.05
2016	-8.25	2.40	0.13	-5.72	-2.44	2.96	-0.05	0.48	3.12	-1.13	3.06	-0.03	1.89	2.89

续表

年份	大公司股票				长期国债					中期国债				
	资本增值收益	收入收益	再投资收益	总收益	资本增值收益	收入收益	再投资收益	总收益	年末收益率	资本增值收益	收入收益	再投资收益	总收益	年末收益率
2017	23.28	2.79	0.22	26.29	-6.81	2.76	-0.10	-4.14	4.00	-3.43	2.43	-0.04	-1.04	4.06
2018	-21.00	2.53	-0.31	-18.77	5.08	3.91	0.11	9.10	3.22	3.89	3.73	0.04	7.65	3.03
2019	27.50	3.24	0.19	30.92	0.73	3.30	0.01	4.04	3.14	0.48	3.25	0.02	3.76	2.73
2020	23.62	2.55	0.44	26.61	-0.51	3.15	-0.06	2.59	3.20	-0.23	2.88	-0.04	2.62	2.97
2021	-1.11	2.04	0.01	0.94	2.63	3.29	0.05	5.97	2.83	1.26	3.01	0.03	4.30	2.56

2.6 滚动期收益

表 2-5 分别列出了持有期为 1 年、5 年和 10 年时基础序列最高和最低年收益率。该表同时给出了资产收益为正的年数，以及资产收益率最高的年数，并比较资产收益为正/最高的年数与总年数。

表 2-5　基本序列 1 年、5 年和 10 年持有期的收益最大值和最小值

（复合年收益）(1993～2021 年)

1 年期年收益	最高收益（%）	年份	最低收益（%）	年份	正值次数（共 29 年）	最高收益次数
大公司股票	155.46	1996	−64.88	2008	14	8
小公司股票	221.63	2007	−55.35	2008	18	11
长期信用债	24.18	2005	−5.95	2007	21	3
长期国债	29.34	1997	−6.48	2004	19	3
中期国债	19.47	1997	−2.06	2007	21	0
短期国债	10.36	1997	−1.27	2010	24	1
通货膨胀	24.10	1994	−1.40	1999	25	3
5 年期滚动收益	最高收益（%）	年份	最低收益（%）	年份	正值次数（25 个 5 年期）	最高收益次数
大公司股票	37.89	2003～2007	−12.70	2008～2012	21	4
小公司股票	60.08	1996～2000	−19.08	2001～2005	21	17
长期信用债	8.66	2001～2005	0.36	1996～2000	22	2
长期国债	14.06	1997～2001	1.13	2000～2004	25	1
中期国债	10.73	1997～2001	2.28	2003～2007	25	1
短期国债	6.32	1997～2001	1.72	2009～2013	25	0
通货膨胀	13.16	1993～1997	−0.38	1998～2002	24	0
10 年期滚动收益	最高收益（%）	年份	最低收益（%）	年份	正值次数（20 个 10 年期）	最高收益次数
大公司股票	15.21	2006～2015	−1.36	2008～2017	19	0
小公司股票	38.34	2006～2015	6.64	1999～2008	20	20
长期信用债	5.58	2005～2014	1.97	1993～2002	20	0
长期国债	8.56	1997～2006	3.56	2009～2018	20	0
中期国债	7.01	1997～2006	3.53	2009～2018	20	0
短期国债	4.51	1997～2006	2.30	2009～2018	20	0
通货膨胀	6.17	1993～2002	0.92	1997～2006	20	0

从表 2-5 中列出的 1 年持有期收益来看，大公司股票表现最佳的年份是 1996 年，而小公司股票表现最佳的年份是 2007 年。两种资产的最差表现都出现在 2008 年。长期信用债在 2005 年获得最高回报，在 2007 年获得最低回报。国债呈现出类似的变动趋势，在 1997 年获得最高回报，范围为 10.36%～29.34%。在一半以上的样本期间，国债收益为正值。小公司股票的正收益率更高，收益率最高的年限也更长。

从 5 年期滚动收益来看，在 25 个（重叠的）样本期中，有一半以上的期间所有资产都获得了正收益。小公司股票在 25 个 5 年期中滚动收益率最高的有 17 个。表 2-5 中列出的 10 年期滚动收益呈现类似模式。鉴于时间段较短，总共 20 年，10 年期收益的结果受小样本问题的影响。

2.7　投资组合表现

投资组合由一系列资产组成，如股票和债券。由于股票、债券和现金在面对相同的经济冲击时会出现不同的反应，将这些资产结合起来可以降低系统性风险，并更好地均衡风险与收益。表 2-4 表明，在很多情况下，股票回报率上升时债券回报率下降，反之亦然。这些可以互相抵消的变动趋势可以降低投资组合的整体风险。例如，在最近的 2010 年和 2011 年，大公司股票分别获得了 −17.91% 和 −15.19% 的负收益，而长期国债 2010 年的收益率为 3.31%，2011 年为 6.94%，反映出股票和债券之间收益率的低相关性。

2.7.1　投资组合收益

在下文中，我们研究由大公司股票和长期国债组成的投资组合的收益。表 2-6 展示了 1997～2021 年不同投资组合的表现。

表 2-6 中从左到右投资组合的股票权重逐渐下降。根据不同投资组合收益率数据可以看出，股票在"好年份"的收益较低，而在"坏年份"收益较高。这清楚地体现了多元化投资的优势。

表 2-6   投资组合年度总收益   单位：%

年份	100% 大公司股票	90% 股票10% 债券	70% 股票30% 债券	50% 股票50% 债券	30% 股票70% 债券	10% 股票90% 债券	100% 长期国债
1997	47.05	46.03	43.47	40.22	36.32	31.81	29.34
1998	−26.99	−23.03	−14.65	−5.63	4.04	14.40	19.84
1999	12.62	13.45	14.59	14.98	14.56	13.24	12.23
2000	36.91	33.51	26.79	20.19	13.71	7.36	4.23
2001	−27.06	−24.11	−17.97	−11.46	−4.58	2.68	6.46
2002	−14.88	−12.97	−9.15	−5.36	−1.63	2.03	3.83
2003	12.60	11.13	8.21	5.30	2.43	−0.42	−1.84
2004	−18.19	−16.97	−14.55	−12.18	−9.86	−7.59	−6.48
2005	−3.76	−1.50	3.07	7.70	12.37	17.08	19.45
2006	122.59	107.16	78.90	53.85	31.74	12.29	3.48
2007	152.58	131.01	92.17	58.63	29.90	5.48	−5.27
2008	−64.88	−59.59	−47.15	−31.91	−13.44	8.69	21.27
2009	94.21	82.78	60.78	40.18	21.16	3.82	−4.21
2010	−16.87	−14.79	−10.65	−6.56	−2.54	1.39	3.31
2011	−15.98	−13.84	−9.46	−4.95	−0.29	4.50	6.94
2012	6.45	6.35	6.06	5.62	5.05	4.34	3.94
2013	−10.07	−9.19	−7.49	−5.90	−4.41	−3.03	−2.37
2014	60.70	55.98	46.60	37.33	28.19	19.20	14.77
2015	−0.06	1.26	3.68	5.77	7.53	8.94	9.51
2016	−5.72	−4.81	−3.18	−1.81	−0.71	0.14	0.48
2017	26.29	22.94	16.46	10.25	4.30	−1.39	−4.14
2018	−18.77	−16.20	−10.91	−5.42	0.25	6.11	9.10
2019	30.92	28.11	22.57	17.13	11.81	6.60	4.04
2020	26.61	24.21	19.39	14.57	9.76	4.97	2.59
2021	0.94	1.50	2.59	3.62	4.60	5.52	5.97

2.7.2 滚动期投资组合收益

表 2-5 给出了单个资产类别在不同滚动期的表现。表 2-7 展示了不同投资组合配置在不同滚动期的表现。与前表类似，表 2-7 统计了每个投资组合获得正收益的次数以及每个投资组合的收益率在所有研究对象中最高的次数，同时列出了最高和最低的收益。在整个分析过程中，投资组合每年会重新构建一次，以使资产配置比例保持不变。

表 2-7　　　投资组合 1 年、5 年、10 年持有期的最高和最低收益（复合年回报）

(1997~2021 年)

1 年期 年收益	最高收益（%）	年份	最低收益（%）	年份	正值次数 （共 25 年）	最高收 益次数
100% 大公司股票	152.58	2007	−64.88	2008	13	11
90% 股票/10% 债券	131.01	2007	−59.59	2008	14	0
70% 股票/30% 债券	92.17	2007	−47.15	2008	15	0
50% 股票/50% 债券	58.63	2007	−31.91	2008	15	1
30% 股票/70% 债券	36.32	1997	−13.44	2008	17	0
10% 股票/90% 债券	31.81	1997	−7.59	2004	21	0
100% 长期国债券	29.34	1997	−6.48	2004	19	13

5 年期滚 动收益	最高收益（%）	年份	最低收益（%）	年份	正值次数 （21 个 5 年期）	最高收 益次数
100% 大公司股票	37.89	2003~2007	−12.70	2008~2012	12	5
90% 股票/10% 债券	34.18	2003~2007	−10.42	2008~2012	12	1
70% 股票/30% 债券	26.79	2003~2007	−6.61	2001~2005	12	1
50% 股票/50% 债券	20.20	2005~2009	−3.55	2001~2005	13	1
30% 股票/70% 债券	15.06	2005~2009	−0.53	2001~2005	14	1
10% 股票/90% 债券	13.48	1997~2001	0.69	2000~2004	16	0
100% 长期国债	14.06	1997~2001	1.13	2000~2004	16	7

10 年期滚 动收益	最高收益（%）	年份	最低收益（%）	年份	正值次数 （16 个 10 年期）	最高收 益次数
100% 大公司股票	15.21	2006~2015	5.30	1999~2008	11	5
90% 股票/10% 债券	14.75	2006~2015	5.81	1999~2008	11	2
70% 股票/30% 债券	13.42	2006~2015	6.37	2001~2010	11	2
50% 股票/50% 债券	11.77	2005~2014	6.15	2001~2010	11	1
30% 股票/70% 债券	9.70	2005~2014	5.47	2001~2010	11	1
10% 股票/90% 债券	8.80	1997~2006	4.34	2001~2010	11	0
100% 长期国债	8.56	1997~2006	3.61	2001~2010	11	0

　　表 2-7 的倒数第 2 列显示了每个资产类别获得正收益的年数。可以看到，仅包含股票的投资组合的年数小于仅包含国债的投资组合，这表明总体上股票比债券风险更大。最后一列展示了每个投资组合表现超过所有其他投资组合的年数，据此我们可以看到小公司股票投资组合是所有投资组合中的佼佼者。尽管债券价格的波动性低于股票价格，但它们仍会受到价格波动的影响。通过投资股票、国

债和信用债等资产类别的组合，投资者可以保护他们的投资组合免受单一资产类别行情大幅下跌的严重影响。这也是多元化的主要优势之一，可以减少投资者对单一资产类别的依赖。

表 2-7 中 1 年期数据清楚地表明，2007 年是大公司股票看涨的一年，而长期国债在 1997 年表现优异。10% 股票和 90% 债券组合、100% 债券组合连续 16 个 5 年持有期获得正收益，而 90% 股票和 10% 债券组合的表现从未在 5 年期跻身前列。10 年持有期分析显示，所有投资组合在 11 个时期内均获得正收益。这也反映出时间跨度较长的优势，即当投资组合和单个资产类别持有较长时间时，获得负收益的可能性会降低。

2.8 投资组合总收益的汇总统计

表 2-8 列出了 1997~2021 年共 25 年期间每个投资组合的年度总收益的汇总统计数据，包括几何平均值、算术平均值和标准差。随着固定收益资产权重的增加，收益和标准差相应下降。从 100% 股票投资组合转变为 70% 股票和 30% 债券投资组合，算术平均值降低了 4.28%，标准差降低 17.09%，这也反映了风险收益的权衡。与长期国债相比，大公司股票的风险更高，收益也更高。然而，当我们比较 100% 债券投资组合与 10% 股票和 90% 债券投资组合的收益率和标准差时，风险收益权衡不再适用，这可以视为突出投资组合多元化优势的一个极端案例。

表 2-8　　　投资组合：年收益的汇总统计：定期重新构建 (1997~2021 年)　　　单位：%

投资组合 (定期重新构建)	几何平均值	算术平均值	标准差
100% 大公司股票	7.48	16.29	49.07
90% 股票/10% 债券	7.71	14.74	43.11
70% 股票/30% 债券	7.92	12.01	31.97
50% 股票/50% 债券	7.77	9.77	21.87
30% 股票/70% 债券	7.28	8.01	13.10
10% 股票/90% 债券	6.44	6.73	8.13
100% 长期国债	5.90	6.26	9.08

投资组合中的资产配置会因不同资产类别的收益不同而发生变化，这可能对

投资组合的风险状况产生巨大影响。表 2-9 提供了未在每年重新构建的投资组合的年度总收益的汇总统计数据以及其在此期间的权重变化。

表 2-9　　　投资组合：年收益的汇总统计：未重新构建 (1997~2021 年)　　　单位：%

投资组合 (未定期构建)	大公司股票 (百分比-2021 年)	债券 (百分比-2021 年)	几何 平均值	算术 平均值	标准差
100% 大公司股票	100.00	0.00	7.48	16.29	49.07
90% 股票/10% 债券	92.88	7.12	7.35	14.29	42.59
70% 股票/30% 债券	77.17	22.83	7.06	11.16	31.56
50% 股票/50% 债券	59.17	40.83	6.76	8.85	22.02
30% 股票/70% 债券	38.31	61.69	6.44	7.24	13.55
10% 股票/90% 债券	13.87	86.13	6.09	6.36	8.01
100% 长期国债	0.00	100.00	5.90	6.26	9.08

由于 1997~2021 年债券的表现优于股票，债券的比例也将随着时间的推移而增长。在 25 年之后，50% 股票和 50% 债券组合变成了 59.17% 股票和 40.83% 债券组合，结果，几何平均值从 7.77% 下降到 6.76%，而标准差从 21.87% 增加到 22.02%。大公司股票比长期国债波动性大得多。

第 3 章 基本序列

本章介绍了 7 个类别资产的总收益、资本增值收益、收入收益的基本序列及其构成。有关某些系列的构建的更多详细信息，请参见中国资本市场（CCM）数据手册。本章还讨论了固定收益资产、期限结构和其他相关问题。每个资产类别的年度总收益和资本增值收益是通过将月收益复合计算得出的（见附录 A），年收入收益是用一年内每月收入总和除以当年年初的价格得出的。在这里，我们假设没有税收或交易成本。

3.1 大公司股票

3.1.1 概述

如图 3-1(a) 所示，如果我们在 1992 年底于大公司股票投资 1.00 元，到 2021 年底我们将获得 6.84 元，复合年增长率为 6.85%。总收益指数和资本增值指数大体呈相同趋势，但在 1996 年后差距逐渐拉大，这一差值代表股票的收入收益。

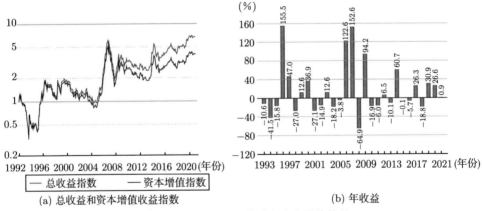

(a) 总收益和资本增值收益指数   (b) 年收益

图 3-1 大公司股票总收益和资本增值收益

如图 3-1(a) 所示，1993~2021 年股市出现了 4 次上涨，分别发生在 1996 年、2007 年、2009 年和 2013 年。中国股市历史上的第一个牛市时期始于 1996 年下半年。当时个人和机构投资者热情高涨，政府出台了促进增长的财政政策，这些都推高了市场，上证综指达到 1038 点。第二个牛市时期是在 2007 年，当时上证综指突破 3000 点、4000 点、5000 点和 6000 点，并在 2007 年 10 月 16 日达到历史高点 6124.04。股票经纪账户的数量也打破了历史纪录。多个因素促成了这一现象。2005 年启动的股权分置改革（SSSR）为牛市创造了制度环境，并推升了乐观的市场预期。由于市场流动性增加及热钱的流入，股市投资蓬勃发展。截至 2007 年 9 月，中国股市市值达到 25 万亿元，成为全球第四大市场。[①]1994 年上半年和 2008 年下半年出现了两次大衰退，前者恰逢高通胀时期，先是紧缩货币和财政政策，而后者则是全球金融危机的结果。

资本增值指数从 1993 年初的 1.00 元增加到 2021 年的 4.11 元，复合年增长率为 4.99%。年度总收益的波动范围从 1996 年的 155.46% 降低至 2008 的 −64.88%。1993~2021 年 29 年的平均年股息为 1.49 元。

3.1.2　总收益

从 1993 年 1 月到 2021 年 12 月，大公司股票的总收益是用调整后的收盘价计算的，计算过程中假设股息在除息日进行再投资。

作为大公司股票的表现基准，大公司股票的总收益指数等于用于构建指数的股票组合收益的市值加权平均值。在给定月份，组合中每只股票的权重与其市值成正比，计算方法是用当月月初的价格乘以流通股数。

图 3-1(b) 展示了 1993~2021 的年度总收益，从中可以清楚地看到 1996 年、2006~2007 年和 2009 年的三个峰值，以及 1994 年和 2008 年急剧下降的趋势。

3.1.3　资本增值收益

资本增值指数衡量了大型公司股票组合中所有股票的市值加权收盘价的变化。图 3-1(a) 显示，资本增值收益指数和总收益指数走势相似。

---

① 根据世界交易所联合会发布的 2007 年 12 月月报和伦敦证券交易所发布的 2007 年 12 月主要市场概况整理。

3.1.4 收入收益

收入收益为总收益与资本增值收益之差。如图 3-1(a) 所示，虽然收入收益比较小，但从 1996 年开始逐渐增长。

3.2 小公司股票

3.2.1 概述

如图 3-2(a) 所示，如果在 1992 年底于小公司股票组合投资 1.00 元，在 2021 年末将获得 112.89 元，29 年中其复合年增长率为 17.70%。如图 3-2(b) 所示，年度总收益 3-2(a) 最高可达 2007 年的 221.63%，最低为 2008 年的 −55.35%。作为总收益的组成部分之一，资本增值指数在同期从 1.00 元增长至 98.24 元，年复合增长率为 17.14%。

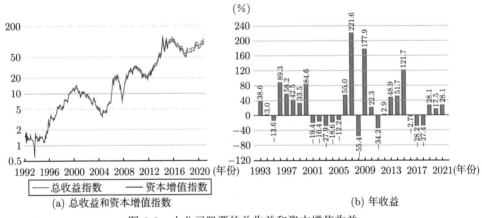

(a) 总收益和资本增值指数   (b) 年收益

图 3-2   小公司股票的总收益和资本增值收益

3.2.2 总收益

如图 3-2(a) 和图 3-2 (b) 所示，与大公司股票类似，小公司股票的总收益指数在 1996 年、2007 年、2009 年和 2013 年经历了四个看涨时期。然而，其增长规模与大公司股票不同。1996 年大公司股指的年收益为 155.46%，而小公司股指仅为 78.7%。2009 年，大、小公司股指的年收益率分别为 93.9% 和 177.8%。就大公司股票而言，1994 年的大幅下跌由高通胀导致，2008 年由全球金融危机导致。

3.2.3 资本增值收益

资本增值指数代表了为小股票组合中所有股票的市值加权收盘价的变化。如图 3-2(a) 所示，虽然资本增值指数和总收益指数大体上呈现一致趋势，但到 2021 年末，98.24元的资本增值收益占总收益的90%，这与大公司股票投资组合不同。

3.2.4 收入收益

由图 3-2(a) 可见，收入收益指数不是总收益指数的主要组成部分，也就是说，对于小公司股票来说，增长主要来自资本增值，而不是股息。早期小公司股票的收入收益指数相对于大公司股票较小，但自 1994 年以来大幅上升。

3.3 长期信用债

3.3.1 概述

如图 3-3(a) 所示，如果我们在 2000 年初于长期信用债组合投资 1.00 元，2021 年末将会获得 2.98 元，这 22 年的复合年增长率为 5.08%。如图 3-3(b) 所示，总收益最高可达 2005 年的 24.18%，最低为 2007 年的 −5.95%。

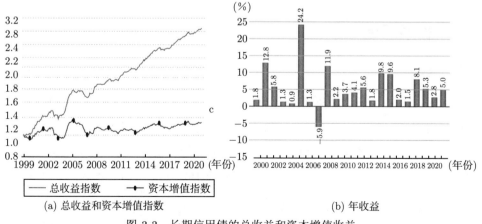

(a) 总收益和资本增值指数   (b) 年收益

图 3-3 长期信用债的总收益和资本增值收益

3.3.2　总收益

总收益为资本增值收益和收入收益的总和。资本增值收益为按面值发行的七年期息票债券的收益率。如果债券在特定月份被降级，我们会保留该月的收益并将债券从投资组合中移除。我们的信用债数据来源于中央国债登记结算公司、沪深证券交易所。随着时间的变化，我们会调整债券的选择和债券投资组合的构建，使构建的债券组合在时间维度上保持一致。[①]

2004 年和 2007 年，由于长期利率上升，信用债总收益较低。2005 年和 2008 年，随着利率逐渐稳定，信用债市场开始回升。有趣的是，在共 22 年的数据中，其中 21 年长期信用债券总收益为正，只有一年总收益为负。

3.3.3　资本增值收益

如图 3-3(a) 所示，长期信用债的资本增值在 2000~2021 年呈现小幅负增长趋势。由于前述原因，在 2004~2005 年和 2007~2008 年期间出现了两次下降和回升。

3.3.4　收入收益

收入收益为总收益与资本增值收益之间的差值。从图 3-3(a) 可以看到，当信用债总收益为正时，总收益的绝大部分由收入收益构成。

3.4　长期国债

3.4.1　概述

如图 3-4(a) 所示，如果我们在 1997 年初将 1.00 元投资于长期国债组合，息票进行再投资，到 2021 年底我们将收到 4.19 元，复合年增长率为 5.90%。如图 3-4(b) 所示，年收益率最高为 29.34%，最低为 −6.48% 不等。在 1997~2021 年 25 年期间，资本增值指数从 1.00 元增加到 1.61 元，复合年增长率为 1.91%。

---

① 20 世纪 90 年代初以来，中国债券市场进入以国债为主的早期发展阶段。但由于市场基础设施不完善，证券托管不集中，出现挪用国家信用、投资者权益保护不力等问题，金融风险不断累积，极大地阻碍了债券市场的发展。为建设安全、高效、低成本的债券市场，中国人民银行和财政部联合提出设立中央国债登记结算公司（CCDC），负责银行间债券市场的集中存管结算。

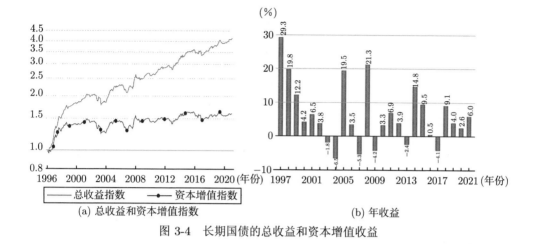

图 3-4　长期国债的总收益和资本增值收益

与图 3-1和图 3-2（即大公司股票和小公司股票的总收益）相比，长期国债的走势完全不同。1997 年、2005 年和 2008 年的三个高峰恰好发生在股市表现不佳的时候。1997 年国债市场看涨，部分原因是银行间债券市场的建立刺激了债券投资。2005 年的急剧上升是由利率大幅下降所致。例如，10 年期国债收益率下降了近 50%，从 2005 年 1 月 4 日的 5.22% 下降到 2006 年 1 月 5 日的 2.99%。全球金融危机后，债券市场强劲增长，这可归功于危机后的扩张性货币政策。

3.4.2　总收益

1997~2021 年，长期国债的总收益指数是基于一个债券组合计算的，其构成如表 3-1所示。投资组合中的所有长期国债均在上海证券交易所交易。每年尽可能采用期限约为 10 年、票面利率合理的单个债券进行组合。假设债券整年持有，并据此计算收益。

总收益按全价格的百分比变化计算。全价格等于债券净价和应计利息的总和，计算如下：

$$A = \frac{D_P}{D_Y} \times P \times C$$

其中，

$$C = 半年票面利率$$

$$P = 本金$$

$$D_P = 期间天数$$

$$D_Y = 半年天数$$

3.4.3　资本增值

资本增值指数为总收益与收入收益之间的差值，忽略接近到期时价格向面值接近所产生的资本收益/损失。资本增值收益衡量由利率变动引起的债券价格变化。从图 3-4(a) 可以看出，资本增值指数和总收益指数大体上是一致的。不过，资本增值指数并没有呈现上升趋势，而是在 1.3 元至 1.5 元之间波动。

3.4.4　收入收益

收入收益的计算方法是价格变化加上从一个时期到下一个时期实际支付的息票，在此期间保持收益率不变。从图 3-4(a) 可以看出，1999 年下半年之后，收入收益率呈上升趋势。

3.4.5　收益率

长期国债序列的到期收益率 (收益率) 等于使债券价格与贴现现金流相等的内部收益率，贴现现金流包括承诺给债券持有人的票息和本金。根据债券价格计算的收益率见表 3-1。此处列出的所有债券均为不可赎回债券。

从图 3-5可以看出，1997 年初长期国债的收益率高达 10%，这个历史高位与当时的高通胀有关；随着通胀趋于平缓，随后两年长期国债的收益率急剧下降至 3%；1999~2002 年长期国债的收益率稳定在 2%~3%；自 2004 年初以来，长期国债的收益率攀升超过 5%，到达此后十年至今的最高点；2005 年债券市场经历了 21 世纪头 10 年的第一个牛市期，随后由 CPI 下降引发了收益率的大幅下降，并在 2006 年始终处于低位，在 2007 年趋于平稳，这在很大程度上由通货膨胀上升导致；2008 年由于宽松的货币政策，长期国债的收益率下降了近两个百分点，随后几年在 3% 左右波动。

表 3-1 长期国债和中期国债相关信息

持有期	长期国债		中期国债	
	息票 (%)	到期日	息票 (%)	到期日
1997	11.83	2006/06/14	8.56	2003/11/01
1998	9.78	2007/09/05	8.56	2003/11/01
1999	9.78	2007/09/05	8.56	2003/11/01
2000	3.30	2009/09/23	11.83	2006/06/14
2001	3.30	2009/09/23	11.83	2006/06/14
2002	3.05	2011/10/30	11.83	2006/06/14
2003	2.54	2012/04/18	2.65	2007/10/24
2004	3.02	2013/09/17	3.00	2008/12/18
2005	3.02	2013/09/17	4.30	2009/10/20
2006	4.44	2015/02/28	2.14	2010/10/20
2007	2.60	2017/09/20	4.86	2011/11/25
2008	2.60	2017/09/20	3.01	2012/11/25
2009	2.60	2017/09/20	3.02	2013/09/17
2010	3.65	2020/11/15	4.44	2015/02/28
2011	3.65	2020/11/15	2.80	2016/03/27
2012	3.57	2021/11/17	3.55	2016/10/20
2013	3.55	2022/12/13	2.95	2017/08/16
2014	4.08	2023/08/22	4.13	2018/11/07
2015	3.77	2024/12/18	3.53	2019/10/30
2016	2.99	2025/10/15	3.14	2020/09/08
2017	2.70	2026/11/03	2.39	2021/10/20
2018	3.82	2027/11/02	3.73	2022/10/19
2019	3.25	2028/11/22	3.29	2023/10/18
2020	3.13	2029/11/21	2.94	2024/10/17
2021	3.27	2030/11/19	3.02	2025/10/22

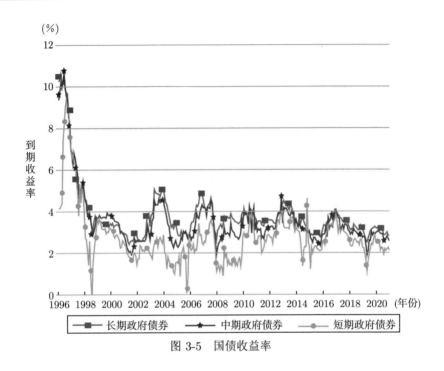

图 3-5　国债收益率

3.5　中期国债

3.5.1　概述

如图 3-6(a) 所示，如果我们在 1997 年初于中期国债投资 1.00 元，息票再投资，将在 2021 年末获得 3.46 元，复合年增长率为 5.09%。如图 3-6(b) 所示，年收益最高可达 1997 年的 19.47%，最低可至 2007 年的 −2.06%。在这 25 年期间，资本增值指数从 1.00 元增长到 1.17 元，其复合年增长率为 0.63%。对比图 3-4(a) 中的长期国债，中期国债的总收益呈现出类似的上升趋势，但波动较小。1997 年、2005 年和 2008 年也出现了三个高点。

3.5.2　总收益

1997~2021 年中期国债总收益指数的计算方法与上述长期国债相同。具体而言，中期国债指数由单一债券构成。每年选择期限最短、不可赎回的债券，期限不少于五年，并"持有"一整年。债券组合的构成如表 3-1所示。总收益指数在图 3-6(a) 中呈现明显的上升趋势。

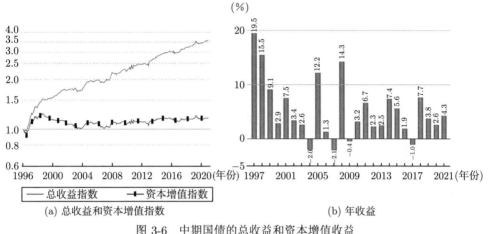

(a) 总收益和资本增值指数 (b) 年收益

图 3-6　中期国债的总收益和资本增值收益

3.5.3　资本增值收益

资本增值指数为总收益与收入收益之间的差值，忽略将要到期时价格向面值接近所产生的资本收益/损失。资本增值收益代表由利率变动引起的债券价格变化。从图 3-6(a) 可以看出，资本增值指数并没有呈上升趋势，而是一直在 1.00~1.30 元之间波动。

3.5.4　收入收益

中期债券收入收益的计算方法与长期国债相同。从图 3-6(a) 可以看出，收入收益从 1999 年初开始上升。

3.5.5　收益率

表 3-1列出中期国债收益率，根据其价格计算。此处列出的所有债券均为不可赎回债券。

对比图 3-5 所示中期国债的到期收益率和长期国债的到期收益率，很明显中期国债收益率和长期国债收益率几乎遵循相同的路径，只是后者略高。值得注意的是，2009 年以来，中期国债收益率波动较大。例如，2011 年初中期国债收益率下降了近两个百分点，但此后不久又完全反弹。同样的现象也发生在 2013 年初和年末。

3.6　短期国债

3.6.1　概述

如图 3-7(a) 所示，如果我们在 1997 年初于短期国债投资 1.00 元，将于 2021 年末获得 2.27 元，复合年增长率为 3.33%。如图 3-7(b) 所示，年收益最高可达 1997 年的 10.36%，最低为 2010 年的 −1.27%。在此期间，资本增值指数从 1.00 元增至 0.73 元，复合年增长率为 −1.24%。与长期和中期债券相比，短期国债的总收益指数呈现类似的上升趋势，但波动较小。然而，资本增值指数却呈现出不同的格局。如图 3-7(a) 所示，1999~2003 年，收益率呈现出较大的波动。

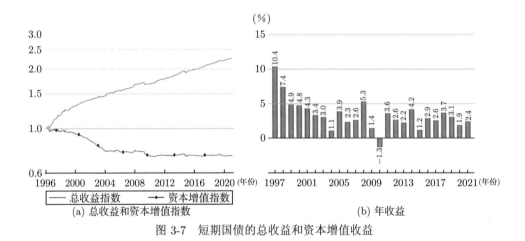

图 3-7　短期国债的总收益和资本增值收益

3.6.2　总收益

1997~2021 年的总收益是用在上海证券交易所交易的短期国债价格计算的。在选择短期基准债券之前，我们构建了一个衡量每只债券交易频率的指数。每个月的交易频率是通过消费者物价指数除以交易量非零的交易日数得出的。债券指数由每个月剩余期限约为 1 年且上个月交易频率超过 0.2 的单个债券构成。单债组合的持有期收益通过上月最后一个交易日和当月最后一个交易日的价格变化计算得出。

图 3-7(b) 绘制了短期国债的年度总收益。在 1997~2021 年的 25 年中，除 2010 年外，所有收益均为正。在前几年，通货膨胀率较高，短期国债收益也较高。另外两个表现良好的年份是 2005 年和 2008 年，与短期利率下降的时段相吻合。

3.6.3　短期国债的负收益

短期国债的收益在某些月份为负数（见附表 1-19）。例如，2004 年 3 月短期国债总收益为 −0.80 %。因此，需要注意的是，尽管我们用短期国债代表无风险利率，短期国债的总收益却不一定是正的。

3.7　通货膨胀

1992 年末以 1.00 元购买的一篮子消费品，到 2021 年末将花费 2.90 元。当然，篮子中的具体商品会随着时间而变化。可以得出，1993~2021 年 29 年的复合年增长率为 3.74%。通货膨胀率在 1994 年攀升至 24.10%，并在 1999 年下降至 −1.40%。

所有城市消费者未经季节调整的消费者价格指数，用于衡量通货膨胀，即消费品价格的增长率。

用于衡量 CPI 的时间段与用于衡量其他资产收益的时间段不同。例如，长期国债的收益是逐月衡量的。而基于消费者价格的 CPI 每月记录多次（食品价格每 5 天调查一次）。因此，通货膨胀率滞后于其他系列大约半个月。所有通胀指标均由国家统计局公布。

第 4 章　衍 生 序 列

人们普遍认为，风险较高的交易资产通常会产生较高的收益，这也与通货膨胀有关。风险溢价和从资产的基本序列衍生的、经通货膨胀调整后的财富或收益序列，可以揭示风险和收益之间的关系以及实际收益和名义收益之间的关系。表 4-2 列出了年收益的 4 个风险溢价和 6 个通胀调整后的序列。

4.1　以几何差值计算衍生序列

衍生序列可通过计算两个基本资产序列的集合差值得到。基础序列 A 和基础序列 B 以及衍生序列 C 之间的关系如下：

$$1 + C = \frac{1 + A}{1 + B} \tag{4.1}$$

因此，序列 C 可由下式得出：

$$C = \frac{1 + A}{1 + B} - 1 \tag{4.2}$$

举例说明，假设收益 A 等于 10%，即 0.10，收益 B 为 5%，即 0.05，那么 C 等于 $(1.10/1.05) - 1 = 0.0476$，即 4.76%。这一数值不同于其代数差值 5%，不过两者从概念上相似。

4.2　衍生序列的定义

基于前文所述的 7 类资产——大公司股票、小公司股票、长期信用债券、长期国债、中期国债、短期国债和消费品（通货膨胀），可以得到 10 个衍生序列，代表资产收益的组成或要素部分。

10 个衍生序列可分为两组：承担风险的额外收益和经通胀调整的资产收益。前者常被称为风险溢价，后者常被称为通胀调整收益或实际收益。风险溢价系列包括债券期限溢价、债券违约溢价、股票风险溢价和小公司股票溢价。通货膨胀调整后的资产收益序列为 6 个资产收益序列与通货膨胀序列的几何差。

10 个衍生序列如表 4-1 所示。

表 4-1   10 个衍生序列

类别	衍生序列	计算方法
风险溢价序列	大公司股票风险溢价	$\dfrac{1+大公司股票总收益}{1+短期国债总收益}-1$
	小公司股票风险溢价	$\dfrac{1+小公司股票总收益}{1+大公司股票总收益}-1$
	债券违约溢价	$\dfrac{1+长期信用债总收益}{1+长期国债总收益}-1$
	债券期限溢价	$\dfrac{1+长期国债总收益}{1+短期国债总收益}-1$
通胀调整的收益序列	大公司股票实际收益	$\dfrac{1+大公司股票总收益}{1+通货膨胀}-1$
	小公司股票实际收益	$\dfrac{1+小公司股票总收益}{1+通货膨胀}-1$
	信用债实际收益	$\dfrac{1+长期信用债总收益}{1+通货膨胀}-1$
	长期国债实际收益	$\dfrac{1+长期国债总收益}{1+通货膨胀}-1$
	中期国债实际收益	$\dfrac{1+中期国债总收益}{1+通货膨胀}-1$
	短期国债实际收益	$\dfrac{1+短期国债总收益}{1+通货膨胀}-1$

4.3　风险溢价序列

4.3.1　股票风险溢价

大公司股票收益由通货膨胀率、实际无风险利率和股票风险溢价组成。股票风险溢价是大公司股票总收益与短期国债总收益的几何差值。

每月股票风险溢价的计算方法如下：

$$大公司股票风险溢价 = \frac{1 + 大公司股票总收益}{1 + 短期国债总收益} - 1 \tag{4.3}$$

4.3.2　小公司股票溢价

小公司股票溢价是小公司股票总收益与大公司股票总收益的几何差。每月小公司股票溢价由下式给出：

$$小公司股票风险溢价 = \frac{1 + 小公司股票总收益}{1 + 大公司股票总收益} - 1 \tag{4.4}$$

4.3.3　信用债违约溢价

信用债违约溢价为投资期限相同的长期信用债券和长期国债所得的收益之差。由于信用债券违约概率为正，债券持有人可以获得收益溢价、通货膨胀率、实际无风险利率和期限溢价。值得注意的是，我们样本中的长期信用债的期限不少于 7 年，而我们样本中的长期国债的期限接近 10 年。因此，这两个资产序列的时间范围并不完全相同。

每月信用债违约溢价计算方法如下：

$$债券违约溢价 = \frac{1 + 长期信用债总收益}{1 + 长期国债总收益} - 1 \tag{4.5}$$

违约概率为正的债券应该比无风险债券有更高的收益（如果它们没有违约）。债券违约可能导致不同程度的损失：延期或未支付利息通常会导致小额损失。但是，如果交易对手未能支付部分或全部本金和利息，投资者将遭受更大的损失。无论如何，债券投资组合违约溢价的一部分都会被违约债券导致的损失所消耗。

从长远来看，投资者还会要求纯风险溢价以补偿违约风险。纯风险溢价是违约溢价的剩余部分（超出被违约债券消耗的部分）。单一信用债或信用债投资组合的预期收益低于债券的收益率，因为收益率中预期将被违约消耗的部分会被减掉。因此，信用债的预期收益等于同期限国债的预期收益与债券违约溢价的纯风险溢价部分的和。

4.3.4　债券期限溢价

长期国债的行为与短期债券不同，因为它们的价格（以及收益）对利率波动更敏感。债券期限溢价是投资者持有长期债券而不是短期国债所获得的溢价。

每月债券期限溢价定义如下：

$$债券期限溢价 = \frac{1 + 长期国债总收益}{1 + 短期国债总收益} - 1 \tag{4.6}$$

利用长期而非中期国债计算债券期限溢价，是为了衡量"完整单位"的价格波动风险。中期国债可能会出现部分期限溢价，该溢价小于长期债券与短期债券之间的差额。

1. 久期

久期是从持有债券到收到现金流（票息和本金）的现值加权平均时间，可以用债券的收益率、票面利率和到期期限来计算。给定债券的久期决定了因债券寿命差异而产生的收益溢价金额。债券期限溢价也被视为"到期溢价"，这是基于较长期限的债券比短期债券需要收益溢价这一现象。久期，而不是到期期限，决定了这种收益溢价。

2. 为什么是"期限"溢价?

投资者通常努力将其持有债券（现金流入）的久期与其负债或现金流出的估计久期相匹配。因此，短期投资者认为长期债券是有风险的（由于价格波动风险），而短期债券是无风险的。相反，长期投资者认为短期债券是有风险的（由于债券再投资的收益率不确定），而长期债券风险较低。

实证证据表明，长期债券比短期债券具有更高的收益率和更高的收益，这意味着收益率曲线随着时间的推移整体呈上升趋势。这一观察表明，与再投资风险相比，投资者更厌恶长期债券的价格波动风险。

因此，债券持有人会关注债券久期风险。与其将溢价确定为长期风险的收益（假设短期投资者的风险认知是"正确的"），不如直接研究收益差异的来源（投资者的不同视野）并使用"期限溢价"标签。

4.4   通胀调整后的收益序列

4.4.1   通胀调整后的大公司股票收益

如图 4-1(a) 所示，1993~2021 年大公司股票的名义年收益率为 6.85%。实质上，调整通胀后，大公司股票的年收益率为 3.00%。如果于 1992 年末投资 1.00元，将获得略多于 1.00 元的收益。

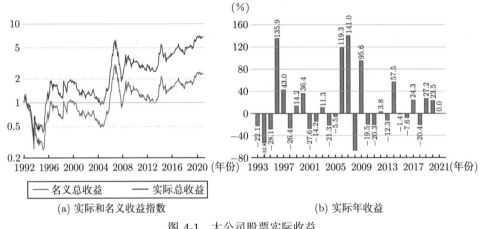

(a) 实际和名义收益指数   (b) 实际年收益

图 4-1   大公司股票实际收益

通胀调整收益由大公司股票收益和通胀率共同决定。大公司股票的通胀调整收益由下式给出：

$$大公司股票实际收益 = \frac{1 + 大公司股票总收益}{1 + 通货膨胀} - 1 \tag{4.7}$$

图 4-1(b) 绘制了大公司股票的年度实际收益。与图 3-1(b) 相比，我们看到在 20 世纪 90 年代初期，由于通货膨胀率异常之高，大公司股票的实际收益率甚至更低。

4.4.2　通胀调整后的小公司股票收益

如图 4-2(a) 所示，1993~2021 年小公司股票的年收益率是 6.85%。实际上，小公司股票的复合年收益率为 3.00% 。

图 4-2　小公司股票的实际收益

小公司股票的实际/名义收益指数的变动趋势与大公司股票的趋势有很大不同。从图 4-2可以看出，如果于小公司股票投资 1.00 元，2021 年末实际可以收到近 112.89 元。与大公司股票相同，小公司股票在 1993 年和 2008 年呈现两次下行趋势。二者的差异出现在 2008 年之后。大公司股票指数在 2007 年牛市之后暴跌，而小公司股票则在一年后回升。

与大公司股票相同，小公司股票的通胀调整收益的计算方法如下：

$$小公司股票实际收益 = \frac{1 + 小公司股票总收益}{1 + 通货膨胀} - 1 \tag{4.8}$$

图 4-2(b) 显示了 1993~2013 年小公司股票的实际年收益。

4.4.3　经通胀调整的长期信用债收益

如图 4-3(a) 所示，2000~2021 年，信用债的名义年收益率为 5.08%。然而，经过通货膨胀调整后，复合年收益率为 2.85%。

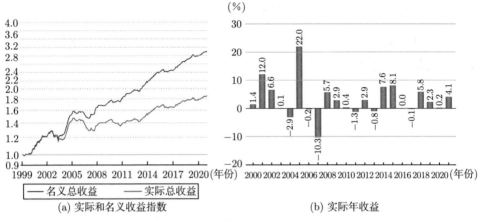

(a) 实际和名义收益指数
(b) 实际年收益

图 4-3　长期信用债实际收益

信用债经通胀调整后总收益的计算方式如下:

$$信用债实际收益 = \frac{1 + 长期信用债总收益}{1 + 通货膨胀} - 1 \tag{4.9}$$

图 4-3(b) 绘制了信用债的实际年收益。

4.4.4　通胀调整后的长期国债收益

1997~2021 年, 长期国债的名义年收益率为 5.90%。在经通货膨胀调整后, 其实际收益率下降到 3.90%。图 4-4(a) 比较了长期国债的累计实际和名义收益。总体趋势表明, 在过去的 25 年中, 长期国债的增速超过了通货膨胀率。

长期国债经通胀调整后的总收益计算如下:

$$长期国债实际收益 = \frac{1 + 长期国债总收益}{1 + 通货膨胀} - 1 \tag{4.10}$$

图 4-4(b) 绘制了长期国债的实际年收益。

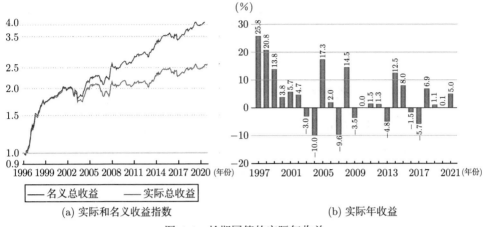

(a) 实际和名义收益指数　　　　　　　　　(b) 实际年收益

图 4-4　长期国债的实际年收益

4.4.5　通胀调整后的中期国债收益

中期国债的平均名义年收益率为 5.09%，经通胀调整后的实际值为 3.10%。图 4-5(a) 比较了中期国债的累计名义收益和实际收益。中期国债的实际收益率呈现相对平稳的上升趋势。如果 1997 年初将 1.00 元投资于中期国债，到 2021 年底将实际增长至 2.15 元。中期国债的名义收益率与实际收益率之间的差距在早年相对较小，但在 2003 年之后随着通胀而上升。

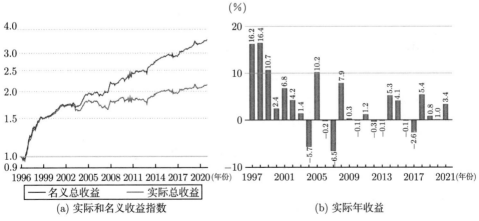

(a) 实际和名义收益指数　　　　　　　　　(b) 实际年收益

图 4-5　中期国债实际收益

中期国债的通胀调整后总收益由下式给出：

$$中期国债实际收益 = \frac{1 + 中期国债总收益}{1 + 通货膨胀} - 1 \tag{4.11}$$

中期国债的实际年收益率如图 4-5(b) 所示。

4.4.6 经通胀调整的短期国债收益率

1997~2021 年，短期国债的名义平均年收益率为 3.33%，但在经过通货膨胀调整后，实际上只有 1.37%。图 4-6(a) 绘制了短期国债的实际和名义收益指数。

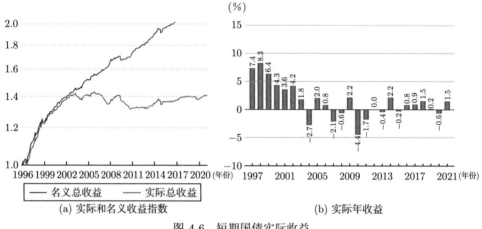

(a) 实际和名义收益指数   (b) 实际年收益

图 4-6　短期国债实际收益

短期国债实际收益的波动性低于中长期国债，产生的平均收益也低于后者。1997~2003 年，短期国债的实际收益显著为正。在过去十年中，收益率保持稳定，在零附近波动。

短期国债的通胀调整后总收益由下式给出：

$$短期国债实际收益 = \frac{1 + 短期国债总收益}{1 + 通货膨胀} - 1 \tag{4.12}$$

短期国债的年度实际收益如图 4-6(b) 所示。

4.5　衍生序列的收益

10 个衍生序列的年收益是根据月收益计算的，与基本序列相同。表 4-2 展示了 10 个衍生序列中每一个的年收益率，其中 4 个是风险溢价，其余的是 7 个类别资产经通胀调整后的总收益。

表 4-2				衍生序列年收益					单位：%
年份	股权风险溢价	小股票溢价	违约溢价	期限溢价	通胀调整后					
					大公司股票	小公司股票	长期信用债券	长期国债	中期国债	短期国债
1993		55.16			−22.10	20.87				
1994		76.01			−52.82	−16.96				
1995		2.55			−28.06	−26.22				
1996		−25.89			135.89	74.82				
1997	33.24	7.56	−16.53	17.19	43.04	53.86	5.02	25.81	16.22	7.36
1998	−32.03	95.12	−15.21	11.56	−26.40	43.61	2.43	20.81	16.43	8.28
1999	7.39	18.53	−10.02	7.02	14.22	35.38	2.43	13.83	10.66	6.36
2000	30.70	34.83	−2.30	−0.50	36.36	83.86	1.42	3.82	2.45	4.34
2001	−30.06	10.47	5.98	2.07	−27.56	−19.98	12.05	5.72	6.77	3.58
2002	−17.68	−1.78	1.86	0.42	−14.20	−15.72	6.61	4.66	4.25	4.23
2003	9.30	−36.00	3.24	−4.72	11.27	−28.79	0.14	−3.00	1.41	1.80
2004	−19.04	−0.47	7.84	−7.45	−21.26	−21.63	−2.93	−9.99	−5.66	−2.74
2005	−7.35	−8.81	3.95	14.99	−5.46	−13.78	21.98	17.34	10.19	2.04
2006	117.54	−30.38	−2.11	1.13	119.30	52.67	−0.20	1.95	−0.18	0.81
2007	146.18	27.34	−0.72	−7.67	141.01	206.89	−10.25	−9.61	−6.55	−2.10
2008	−66.65	27.11	−7.71	15.16	−66.83	−57.84	5.68	14.51	7.89	−0.56
2009	91.46	43.08	6.64	−5.56	95.58	179.84	2.87	−3.53	0.28	2.15
2010	−15.80	47.06	0.37	4.64	−19.53	18.35	0.38	0.01	−0.08	−4.42
2011	−18.90	−21.63	−2.68	3.22	−20.28	−37.52	−1.26	1.46	1.19	−1.70
2012	3.70	−3.29	1.61	1.26	3.75	0.34	2.93	1.30	−0.32	0.05
2013	−12.04	65.56	4.23	−4.51	−12.35	45.11	−0.82	−4.85	−0.13	−0.36
2014	54.23	−5.60	−4.36	10.14	57.55	48.73	7.61	12.52	5.27	2.15
2015	−1.21	121.85	0.06	8.25	−1.44	118.66	8.06	8.00	4.14	−0.23
2016	−8.34	3.16	1.52	−2.31	−7.57	−4.65	0.00	−1.49	−0.10	0.84

续表

年份	股权风险溢价	小股票溢价	违约溢价	期限溢价	通胀调整后					
					大公司股票	小公司股票	长期信用债券	长期国债	中期国债	短期国债
2017	23.15	−43.15	5.90	−6.53	24.30	−29.34	−0.09	−5.65	−2.60	0.94
2018	−21.66	−10.58	−0.95	5.23	−20.44	−28.86	5.84	6.86	5.44	1.55
2019	27.04	−2.19	1.17	0.95	27.23	24.45	2.29	1.11	0.83	0.15
2020	24.26	−7.19	0.16	0.69	23.52	14.64	0.25	0.08	0.11	−0.60
2021	−1.42	26.87	−0.91	3.49	0.04	26.92	4.07	5.02	3.36	1.48

第 5 章　年收益和财富指数

收益和财富指数都可以衡量投资者在给定时期持有资产的利得。收益代表了投资者在一定时期内持有的投资组合价值的变化，财富指数代表了从某一时刻开始在整个时期内逐渐累加的累积财富。本章介绍收益和财富指数的计算。

从财务形式的角度分析，资产的总收益可被视为由多个部分构成。一般来说，股票和债券收益可以分为两部分：收入收益和资本增值收益。具体来说，一方面，收入收益是指股票的股息或债券的息票，这些是证券发行人支付给证券持有人的现金流收入；另一方面，资本增值收益代表持有期内除现金流量外的收益。收益分解如下：

$$r^T = r^I + r^A \tag{5.1}$$

其中，

$$r^T = 总收益$$

$$r^I = 股息/息票收益$$

$$r^A = 资本增值收益$$

根据计量周期，收益可分为日收益、月收益、年收益。在以下部分中，我们将详细介绍收益计算。

通常，公开交易证券的每日收盘价是可得数据。根据证券的每日收盘价和有关其收入支付的附加信息，我们可以构建其日收益以及它的不同部分。根据日收益，我们可以构建更长时期的收益，如每月或每年的收益。这是本书采用的方法。

我们将从股票收益开始，由于可能涉及各种公司行为，股票收益的计算较为复杂。之后我们将讨论债券收益。

5.1　股票收益计算

5.1.1　日收益

1. 总收益

假设在 t 日没有股息支付（换句话说，t 日不是除息日），那么股票在 t 日的总收益计算方式如下：

$$r_t^T = \frac{P_t - P_{t-1}}{P_{t-1}} \tag{5.2}$$

其中，

$$P_{t-1} = t - 1 \text{ 日股票收盘价}$$

$$P_t = t \text{ 日股票收盘价}$$

显然，在这种情况下，所有收益都来自资本增值。

现在考虑股息对总收益的影响。假设 t 日是现金股息 D_t 的除息日，那么 t 日的总收益为：

$$r_t^T = \frac{D_t + P_t - P_{t-1}}{P_{t-1}} = \frac{P_t^* - P_{t-1}}{P_{t-1}} \tag{5.3}$$

其中，

$$P_t^* = t \text{ 日调整后的除息价格} = P_t\left(1 + \frac{D_t}{P_t}\right)$$

也可以写为：

$$r_t^T = \frac{P_t(1 + \delta_t^{CD}) - P_{t-1}}{P_{t-1}} \tag{5.4}$$

其中，

$$\delta_t^{CD} = t \text{ 日现金股息的调整因子} = \frac{D_t}{P_t}$$

除现金股息外，还有其他相关的公司事件会影响股票收益。例如：

- 股票股息；

- 股票分割；
- 增资；
- 供股。

增资是指公司决定要求股东向公司注入新资本；供股是指公司向其股东提供的以给定发行价格购买新股的权利。

对于上述每个事件，在计算收益时都需要进行相应的调整。下文将讨论每一类事件的处理方法。由于股票分割实际上等同于股票股息，因此只考虑股票股息。令 δ_t^{SD} 为除息日 t 的股票分红率，也就是说，如果在 $t-1$ 日收盘时持有 1 股，股东将在 $t-1$ 日收到 δ_t^{SD} 新股。然后，我们可以定义除息日的调整价格如下：

$$P_t^* = (1 + \delta_t^{SD})P_t$$

假设同一天没有其他事件发生，总收益可以写为：

$$r_t^T = \frac{P_t^* - P_{t-1}}{P_{t-1}} = \frac{(1 + \delta_t^{SD})P_t - P_{t-1}}{P_{t-1}}$$

对于增资的情况，设 δ_t^{CI} 为增资率，即股东在 t 日为 1.00 元的投资需要支付的新资本金额。我们可以通过以下方式定义前一天的调整价格：

$$P_t^* = (1 + \delta_t^{CI})P_t$$

假设同一天没有其他事件发生，总收益可以写为：

$$r_t^T = \frac{P_t^* - P_{t-1}}{P_{t-1}} = \frac{(1 + \delta_t^{CI})P_t - P_{t-1}}{P_{t-1}}$$

对于供股，令 δ_t^{RO} 为股东 t 日持有的每一股所能购买的股份数量，P_t^{RO} 为给定的发行价格。通常发行价格低于当前市场价格，因此行使权利符合股东利益。我们可以通过以下方式定义前一天的调整价格：

$$P_t^* = (1 + \delta_t^{RO})P_t - \delta_t^{RO}P_t^{RO} = [1 + \delta_t^{RO}(1 - p_t^{RO})]P_t, \qquad p_t^{RO} = P_t^{RO}/P_t$$

假设同一天没有其他事件发生，总收益可以写为：

$$r_t^T = \frac{P_t^* - P_{t-1}}{P_{t-1}} = \frac{[1 + \delta_t^{RO}(1 - p_t^{RO})]P_t - P_{t-1}}{P_{t-1}}$$

综上所述，我们可以将 t 日的调整后价格写为：

$$P_t^* = \left[1 + \delta_t^{SD} + \delta_t^{CI} + \delta_t^{RO}(1 - p_t^{RO})\right] \times P_t + C_t^D \tag{5.5}$$

其中，

$$\delta_t^{SD} = 股票股息率$$

$$\delta_t^{CI} = 增资率$$

$$\delta_t^{RO} = 供股率$$

$$P_t^{RO} = 供股价格$$

$$p_t^{RO} = 供股的价格比率 \quad P_t^{RO}/P_t$$

$$C_t^D = 现金股息$$

因此，t 日的股票总收益计算如下：

$$r_t^T = \frac{\left[1 + \delta_t^{SD} + \delta_t^{CI} + \delta_t^{RO}(1 - p_t^{RO})\right] P_t + C_t^D - P_{t-1}}{P_{t-1}} \tag{5.6}$$

为了更有效地进行计算，我们引入了一个"价格调整因子"，它是调整后的价格与交易日 t 的收盘价的比率：

$$f_t = \frac{P_t^*}{P_t} \tag{5.7}$$

或

$$f_t = 1 + \delta_t^{SD} + \delta_t^{CI} + \delta_t^{RO}(1 - p_t^{RO}) + C_t^D/P_t \tag{5.8}$$

因此，在考虑了股票股息（和分割）、增资、供股和现金股息在内的事件之后，t 日的股票总收益计算如下：

$$r_t^T = \frac{f_t \times P_t - P_{t-1}}{P_{t-1}} \tag{5.9}$$

2. 资本增值收益

股票在 t 日的资本增值收益可定义为当日不包括现金股利的股票收益，它同时考虑了股价变化和所有其他事件。

在考虑调整因素 f_t 后，资本增值收益为：

$$r_t^A = \frac{f_t P_t - C_t^D - P_{t-1}}{P_{t-1}} \tag{5.10}$$

3. 收入收益

t 日的收入收益定义为 t 日的现金股利收益，即总收益与资本增值收益的差距：

$$r_t^I = r_t^T - r_t^A = \frac{C_t^D}{P_{t-1}} \tag{5.11}$$

5.1.2　月收益

股票的月收益是日收益的累计乘积。如果某一天没有交易发生，则每日收益为 1。

1. 总收益

一只股票的月收益率可计算如下：

$$R^{T,mon} = \left[\prod_{i=1}^{N} (1 + r_t^T) \right] - 1 = \left[(1 + r_1^T)(1 + r_2^T) \cdots (1 + r_N^T) \right] - 1 \tag{5.12}$$

其中，

$$r_t^T = t \text{ 日的总收益}$$

$$N = \text{月度交易天数}$$

【例 5-1】　假设投资者 6 月 1 日持有 1 股股票，6 月 2 日收盘价为 10 元，股票以 10 元收盘，派出 0.1 元的现金股利，相当于 6 月 2 日末以 0.1 元买入 0.01 股股票。因此，合计持仓为 $1 + 0.01 = 1.01$（股）。在这种情况下，股票持有的价值是 $10 \times 1.01 = 10.1$（元）。

假设 6 月某股票收盘价为 10 元，6 月 2 日 1 只股票供股的定价为每股 5 元，收盘价变为 7.6 元。因此，总共持有的头寸是 $2 - 5/7.6 = 1.3421$（股）。在这种情况下，股票持有的价值是 $7.6 \times 1.3421 = 10.2$（元）。

2. 资本增值收益

单只股票的资本增值收益可计算如下：

$$R^{A,mon} = \left[\prod_{i=1}^{N} (1 + r_t^A) \right] - 1 = \left[(1 + r_1^A)(1 + r_2^A) \cdots (1 + r_N^A) \right] - 1 \qquad (5.13)$$

其中，

$$r_t^A = \text{该股在 } t \text{ 日的资本增值收益}$$

$$N = \text{当月交易天数}$$

投资组合的资本增值月收益如下：

$$R_{Portfolio}^{A,mon} = \sum_{j=1}^{M} w_j R_j^{A,mon} = w_1 R_1^{A,mon} + w_2 R_2^{A,mon} + \cdots + w_M R_M^{A,mon} \qquad (5.14)$$

其中，

$$R_j^{A,mon} = \text{股票 } j \text{ 的资本增值月收益}$$

$$M = \text{投资组合中股票数量}$$

$$w_j = \text{股票 } j \text{ 的权重}$$

w_j 的计算方法是其月初的市值除以投资组合的总市值：

$$w_j = \frac{V_j}{\sum_{j=1}^{M} V_j} \qquad (5.15)$$

3. 收入收益

单只股票的收入收益等于总收益与资本增值收益的差值。即

$$R^{I,mon} = R^{T,mon} - R^{A,mon} \tag{5.16}$$

收入收益包括股票的现金股利和现金股利再投资的收益。

同样地，投资组合的收入收益也等于总收益与资本增值收益之间的差值。计算如下：

$$R^{I,mon}_{Portfolio} = R^{T,mon}_{Portfolio} - R^{A,mon}_{Portfolio} \tag{5.17}$$

5.1.3　年收益

股票的年收益是月收益的累积乘积。

1. 总收益

股票的总收益可以计算如下：

$$R^{T,Year} = \left[\prod_{i=1}^{12}(1+R^{T,i})\right] - 1 = \left[(1+R^{T,Jan})(1+R^{T,Feb})\cdots(1+R^{T,Dec})\right] - 1 \tag{5.18}$$

其中，

$$R^{T,i} = 该股票在一年中 i 月的月收益$$

2. 资本增值收益

单只股票的资本增值收益可计算如下：

$$R^{A,Year} = \left[\prod_{i=1}^{12}(1+R^{A,i})\right] - 1 = \left[(1+R^{A,Jan})(1+R^{A,Feb})\cdots(1+R^{A,Dec})\right] - 1 \tag{5.19}$$

其中，

$$R^{A,i} = 该股票在一年中 i 月的资本增值收益$$

3. 收入收益

一只股票的年收入收益的计算方法是一年内的现金分红总额除以年初投资组合的股价。计算如下:

$$R^{I,Year} = \frac{\sum_{i=1}^{12} D_i}{P_0} = \frac{D_{Jan} + D_{Feb} + \cdots + D_{Dec}}{P_0} \tag{5.20}$$

其中,

$$D_i = i \text{ 月支付的调整现金股利}$$

$$P_0 = \text{年初股票价格}$$

然后, 收益可以进行如下调整:

$$R^{I,Year} = \sum_{i=1}^{12} \left[\prod_{j=1}^{i-1} \left(1 + R^{T,j} \right) \right] \times R^{I,i}$$

$$= (1)(R^{I,Jan}) + (1)(1 + R^{T,Jan})(R^{I,Feb}) +$$

$$(1)(1 + R^{T,Jan})(1 + R^{T,Feb})(R^{I,Mar}) + \cdots +$$

$$(1)(1 + R^{T,Jan})(1 + R^{T,Feb}) \cdots (1 + R^{T,Nov})(R^{I,Dec}) \tag{5.21}$$

其中,

$$R^{T,0} = 0$$

$$R^{T,j} = j \text{ 月的月收益}$$

$$R^{I,j} = j \text{ 月的收入收益}$$

5.2 债券收益计算

5.2.1 日收益

1. 总收益

债券在 t 日的总收益可以计算如下:

$$r_t^T = \frac{P_t + AI_t - P_{t-1} - AI_{t-1} + I_t}{P_{t-1} + AI_{t-1}} = \frac{P_t^F - P_{t-1}^F + I_t}{P_{t-1}^F} \tag{5.22}$$

其中,

$$P_t^F = t \text{ 日收盘价}$$

$$P_t = t \text{ 日净收盘价}$$

$$AI_t = t \text{ 日应计利息}$$

$$I_t = t \text{ 日的利息支付}$$

【例 5-2】　假设债券面值为 100 元, 名义利息为 5%, 每年 7 月 1 日付息一次。那么,

日期	净价（元）	应计利息（元）	全价（元）	利息支付（元）	日收益 (%)
6 月 29 日	99.50	4.99	104.49		—
6 月 30 日	99.30	5.00	104.30		−0.18
7 月 1 日	99.35	0.01	99.36	5.00	0.06
7 月 2 日	99.28	0.03	99.31		−0.05

其中,

$$6 \text{ 月 29 日的应计利息} = \frac{5}{365} \times 364 = 4.98630137 \approx 4.99(\text{元})$$

$$6 \text{ 月 30 日的应计利息} = \frac{5}{365} \times 365 = 5.00(\text{元})$$

$$6 \text{ 月 30 日的日收益} = \frac{104.30 - 104.49}{104.49} \approx -0.18\%$$

$$7 \text{ 月 } 1 \text{ 日的应计利息} = \frac{5}{365} \times 1 = 0.01369863 \approx 0.01 (\text{元})$$

$$7 \text{ 月 } 1 \text{ 日的日收益} = \frac{99.36 - 104.30 + 5.00}{104.30} \approx 0.06\%$$

$$7 \text{ 月 } 2 \text{ 日的应计利息} = \frac{5}{365} \times 2 = 0.02739726 \approx 0.03 (\text{元})$$

$$7 \text{ 月 } 2 \text{ 日的日收益} = \frac{99.31 - 99.36}{99.36} \approx -0.05\%$$

2. 资本增值收益

债券在 t 日的资本增值收益定义如下：

$$r_t^A = \frac{P_t - P_{t-1}}{P_{t-1} + AI_{t-1}} = \frac{P_t^F - P_{t-1}^F - AI_t + AI_{t-1}}{P_{t-1}^F} \tag{5.23}$$

其中，

$$P_t^F = t \text{ 日全收盘价}$$

$$P_t = t \text{ 日净收盘价}$$

$$AI_t = t \text{ 日应计利息}$$

3. 收入收益

t 日的收入收益定义为 t 日的利息收益，包括应计利息和利息支付，即总收益与资本增值收益之间的差距。计算如下：

$$r_t^I = r_t^T - r_t^A \tag{5.24}$$

或者

$$r_t^I = \frac{AI_t - AI_{t-1} + I_t}{P_{t-1} + AI_{t-1}} \tag{5.25}$$

其中，

$$P_{t-1} = t - 1 \text{ 日净收盘价}$$

$$AI_t = t \text{ 日应计利息}$$

$$I_t = t \text{ 日支付利息，如无利息，} I_t = 0$$

【例 5-3】 假设有一张面值为 100 元、票面利率为 5% 的债券，每年 7 月 1
日支付一次。那么，

日期	净价（元）	应计利息（元）	全价（元）	利息（元）	日收益 (%)	资本增值收益 (%)	收入收益 (%)
6 月 29 日	99.50	4.99	104.49		—		
6 月 30 日	99.30	5.00	104.30		−0.18	−0.19	0.01
7 月 1 日	99.35	0.01	99.36	5.00	0.06	0.05	0.01
7 月 2 日	99.28	0.03	99.31		−0.05	−0.07	0.02

其中，

$$6 \text{ 月 } 30 \text{ 日资本增值收益} = \frac{99.30 - 99.50}{104.49} \approx -0.19\%$$

$$6 \text{ 月 } 30 \text{ 日收入收益} = -0.18\% - (-0.19\%) = 0.01\% \quad \text{或}$$

$$= \frac{5.00 - 4.49}{104.49} \approx 0.01\%$$

$$7 \text{ 月 } 1 \text{ 日资本增值收益} = \frac{99.35 - 99.30}{104.30} \approx 0.05\%$$

$$7 \text{ 月 } 1 \text{ 日收入收益} = 0.06\% - (0.05\%) = 0.01\% \quad \text{或}$$

$$= \frac{0.01 - 5.00 + 5.00}{104.49} \approx 0.01\%$$

$$7 \text{ 月 } 2 \text{ 日资本增值收益} = \frac{99.28 - 99.35}{99.36} \approx -0.07\%$$

$$7 \text{ 月 } 2 \text{ 日收入收益} = -0.05\% - (-0.07\%) = 0.02\% \quad \text{或}$$

$$= \frac{0.03 - 0.01}{99.36} \approx 0.02\%$$

5.2.2 月收益

1. 总收益

债券的每月总收益可计算如下：

$$R^{T,mon} = \left[\prod_{i=1}^{N} \left(1 + r_t^T\right) \right] - 1 = \left[(1 + r_1^T)(1 + r_2^T) \cdots (1 + r_N^T) \right] - 1 \quad (5.26)$$

其中,

$$r_t^T = 该月\ t\ 日债券的日收益$$

$$N = 该月总交易天数$$

债券组合的月收益计算如下:

$$R_{Portfolio}^{T,mon} = \sum_{j=1}^{M} w_j R_j^{T,mon} = w_1 R_1^{T,mon} + w_2 R_2^{T,mon} + \cdots + w_M R_M^{T,mon} \quad (5.27)$$

其中,

$$R_j^{T,mon} = 债券\ j\ 的月收益$$

$$M = 投资组合中债券数量$$

$$w_j = 债券\ j\ 的权重$$

w_j 的计算方法是其市值除以月初投资组合的总市值:

$$w_j = \frac{V_j}{\sum\limits_{j=1}^{M} V_j} \quad (5.28)$$

2. 资本增值收益

单只债券的月资本增值收益可计算如下:

$$R^{A,mon} = \frac{P_1 - P_0}{P_0^F} = \frac{P_1 - P_0}{P_0 + AI_0} \quad (5.29)$$

其中,

$$P_0 = 上月末净收盘价$$

$$P_1 = 本月末净收盘价$$

$$P_0^F = 上月末全收盘价$$

$$AI_0 = 上月末应计利息$$

投资组合的每月资本增值收益如下：

$$R_{Portfolio}^{A,mon} = \sum_{j=1}^{M} w_j R_j^{A,mon} = w_1 R_1^{A,mon} + w_2 R_2^{A,mon} + \cdots + w_M R_M^{A,mon} \quad (5.30)$$

其中，

$$R_j^{A,mon} = 债券 \; j \; 的月度资本增值收益$$

$$M = 投资组合中包含的债券数量$$

$$w_j = 债券 \; j \; 的权重$$

其计算方法是其市值除以月初投资组合的总市值：

$$w_j = \frac{V_j}{\sum\limits_{j=1}^{M} V_j} \quad (5.31)$$

3. 收入收益

单只债券的收入收益等于总收益与资本增值收益之间的差距。即

$$R^{I,mon} = R^{T,mon} - R^{A,mon} \quad (5.32)$$

收入收益包括债券的息票支付和利息再投资的收益。

相似地，投资组合的收入收益也等于总收益与资本增值收益之间的差值：

$$R_{Portfolio}^{I,mon} = R_{Portfolio}^{T,mon} - R_{Portfolio}^{A,mon} \quad (5.33)$$

5.2.3　年收益

1. 总收益

债券的年总收益可计算如下：

$$R^{T,Year} = \left[\prod_{i=1}^{12} (1 + R^{T,i}) \right] - 1 = \left[(1 + R^{T,Jan})(1 + R^{T,Feb}) \cdots (1 + R^{T,Dec}) \right] - 1$$

$$(5.34)$$

其中，

$$R^{T,i} = i \; 月债券的总收益$$

2. 资本增值收益

债券的年资本增值收益可以计算如下：

$$R^{A,Year} = \left[\prod_{i=1}^{12}(1 + R^{A,i})\right] - 1 = \left[(1 + R^{A,Jan})(1 + R^{A,Feb})\cdots(1 + R^{A,Dec})\right] - 1$$

$$(5.35)$$

其中，

$$R^{A,i} = 债券在\ i\ 月的资本增值收益$$

3. 收入收益

债券的年收入收益为总利息，包括应计利息和支付利息，除以年初债券价格。
即，

$$R^{I,Year} = \frac{\sum_{i=1}^{12} I_i}{P_0} = \frac{I_{Jan} + I_{Feb} + \cdots + I_{Dec}}{P_0}$$

$$(5.36)$$

其中，

$$I_i = i\ 月获得的调整后利息收入$$

$$P_0 = 年初债券价格$$

年收入收益可作如下调整：

$$R^{I,Year} = \sum_{i=1}^{12}\left[\prod_{j=1}^{i-1}\left(1 + R^{T,j}\right)\right] \times R^{I,i}$$

$$= (1)(R^{I,Jan}) + (1)(1 + R^{T,Jan})(R^{I,Feb}) +$$

$$(1)(1 + R^{T,Jan})(1 + R^{T,Feb})(R^{I,Mar}) +$$

$$\cdots + (1)(1 + R^{T,Jan})(1 + R^{T,Feb})\cdots(1 + R^{T,Nov})(R^{I,Dec)} \quad (5.37)$$

其中，

$$R^{T,0} = 0$$

$$R^{T,j} = j \text{ 月投资组合的总收益}$$

$$R^{I,j} = j \text{ 月的收入收益}$$

5.3　股票指数

股票指数用于衡量股票市场或其特定部分的整体表现。股票指数主要有两种：价格加权指数和市场加权指数。

第一代股票指数是为了衡量市场的总体趋势而创建的。最古老和最为人所熟知的市场指数之一是 1896 年 5 月 26 日首次发布的道琼斯工业平均指数。最初，道琼斯指数仅由 12 只股票组成，其计算方式为简单地将所包含股票价格的总和除以股票总数。在这类价格加权指数中，价格较高的股票对指数的影响相对较大。

近年来，大多数股票指数为市值加权指数。市值加权指数受总市值（股价乘以流通股数）较大的股票影响较大。市值加权法具有较强的理论依据，因为资本资产定价模型（capital asset pricing model, CAPM）意味着投资者应该持有与其市值成比例的证券投资组合。相比之下，价格加权缺乏任何理论依据，因此除了道琼斯工业平均指数外很少使用。市值加权被广泛认为是构建股票指数的核心原则，它的优势在于权重随股价自动调整，大大节省了调整成本。

上证 A 股指数即为市场加权指数。为了计算每只股票的市值，我们将股价乘以 A 股总数（包括流通股和非流通股）。

5.4　指数值

指数值可以用来衡量 1.00 元投资的累积收益。例如，1992 年 12 月 31 日将 1.00 元投资于大公司股票（股息再投资），到 1993 年 12 月 31 日财富贬值到 0.90 元，意味着 1993 年的总收益为 −10%（见附表 2-1）。1997 年，投资财富从年初的 1.13 元增长到年底的 1.67 元，这意味着当年的总收益率为 47.79%。到 2021

年底，1992 年底投资的 1.00 增长为 6.84 元，显示出复利的优势。

表 5-1 列出了 6 种基本类别的资产和通货膨胀的年终总收益指数，也列出了大公司股票以及中长期国债的资本增值指数。

表 5-1　　基本序列（未经通胀调整）：年末累积财富指数 (1992 年末 = 1.00 元)

年份	大公司股票	小公司股票	长期信用债	长期国债	中期国债	短期国债	通胀
1992	1.00	1.00					1.00
1993	0.89	1.39					1.15
1994	0.52	1.43					1.42
1995	0.44	1.23					1.67
1996	1.13	2.34		1.00	1.00	1.00	1.81
1997	1.66	3.70		1.29	1.19	1.10	1.86
1998	1.21	5.27		1.55	1.38	1.19	1.84
1999	1.36	7.03	1.11	1.74	1.51	1.24	1.82
2000	1.86	12.97	1.13	1.81	1.55	1.30	1.82
2001	1.36	10.45	1.27	1.93	1.67	1.36	1.84
2002	1.16	8.74	1.35	2.00	1.72	1.40	1.82
2003	1.30	6.30	1.36	1.97	1.77	1.45	1.84
2004	1.07	5.13	1.38	1.84	1.73	1.46	1.91
2005	1.03	4.50	1.71	2.20	1.94	1.52	1.95
2006	2.28	6.98	1.73	2.27	1.97	1.55	1.98
2007	5.77	22.43	1.63	2.15	1.93	1.59	2.07
2008	2.03	10.02	1.82	2.61	2.20	1.68	2.20
2009	3.93	27.83	1.86	2.50	2.19	1.70	2.18
2010	3.27	34.03	1.93	2.59	2.26	1.68	2.25
2011	2.75	22.41	2.01	2.77	2.41	1.74	2.37
2012	2.93	23.07	2.12	2.87	2.47	1.79	2.43
2013	2.63	34.34	2.16	2.81	2.53	1.83	2.50
2014	4.23	52.10	2.37	3.22	2.72	1.91	2.55
2015	4.23	115.52	2.60	3.53	2.87	1.93	2.58
2016	3.98	112.35	2.65	3.54	2.92	1.98	2.64
2017	5.03	80.65	2.69	3.40	2.89	2.03	2.68
2018	4.09	58.58	2.90	3.71	3.11	2.11	2.73
2019	5.35	75.02	3.06	3.86	3.23	2.17	2.81
2020	6.77	88.15	3.14	3.96	3.32	2.21	2.88
2021	6.84	112.89	3.30	4.19	3.46	2.27	2.91

指数值列于图 2-2 中，描述了投资于 7 种类别资产之一的财富增长情况。该

图的垂直轴采用对数刻度,因此相等的距离表示沿轴任何位置的相等百分比变化。

通胀调整收益指数列于表 5-2。基本资产类别的月收益和资本增值收益指数见附表 2-1 至附表 2-13。

表 5-2　　　　　通胀调整后序列:年末累积财富指数（1992 年末 =1.00 元）

年份	通胀调整后					
	大公司股票	小公司股票	长期信用债	长期国债	中期国债	短期国债
1993	0.78	1.21				
1994	0.37	1.00				
1995	0.26	0.74				
1996	0.62	1.29		1.00	1.00	
1997	0.89	1.99		1.26	1.16	
1998	0.66	2.86		1.52	1.35	
1999	0.75	3.87	1.10	1.73	1.50	
2000	1.02	7.12	1.12	1.80	1.53	
2001	0.74	5.70	1.25	1.90	1.64	
2002	0.64	4.80	1.33	1.99	1.71	
2003	0.71	3.42	1.34	1.93	1.73	1.42
2004	0.56	2.68	1.30	1.74	1.63	1.38
2005	0.53	2.31	1.58	2.04	1.80	1.41
2006	1.15	3.53	1.58	2.08	1.80	1.42
2007	2.78	10.82	1.42	1.88	1.68	1.39
2008	0.92	4.56	1.50	2.15	1.81	1.38
2009	1.81	12.77	1.54	2.07	1.82	1.41
2010	1.45	15.11	1.55	2.07	1.81	1.35
2011	1.16	9.44	1.53	2.10	1.84	1.33
2012	1.20	9.47	1.57	2.13	1.83	1.33
2013	1.05	13.75	1.56	2.03	1.83	1.32
2014	1.66	20.45	1.68	2.28	1.92	1.35
2015	1.64	44.71	1.81	2.46	2.00	1.35
2016	1.51	42.63	1.81	2.43	2.00	1.36
2017	1.88	30.12	1.81	2.29	1.95	1.37
2018	1.49	21.43	1.92	2.45	2.06	1.39
2019	1.90	26.67	1.96	2.47	2.07	1.39
2020	2.35	30.57	1.97	2.48	2.08	1.39
2021	2.35	38.80	2.05	2.60	2.15	1.41

表 5-2 中的通胀调整指数显示了每个资产类别的实际增长情况。例如，如果一个人在 1992 年底于小公司股票投资了 1.00 元，投资者将在 1992 年底获得 48.31 元（经过通胀调整后）。

可以用数学语言精确地描述表 5-1 和表 5-2 中指数的本质。1992 年末累积财富指数的初始值为 1.00 元（用 $V_0 = 1.00$ 表示）。n 月末，V_n 的计算方式如下：

$$V_n = V_0 \left[\prod_{t=1}^{n} (1 + r_t) \right] \tag{5.38}$$

其中，

$$V_n = n \text{ 月末的指数值}$$

$$V_0 = 0 \text{ 时的初始指数值}$$

$$r_t = t \text{ 期间收益率}$$

5.5 使用指数值衡量资产表现

指数值可用于判断投资组合的投资在一段时间内是否比其他投资组合获得更多利润，以及投资的表现是否优于行业基准。在表 5-3 中，我们分析了采用以下哪种投资方式可获得更多财富，是投资者组合还是虚拟的上证综指基金。每个指数反映了总收益的情况，计算过程中将股息进行再投资。

表 5-3　　　　　　　　　　　**比较两种投资方式**

时　间	投资者组合	上证综指
2013 年 1 月	3.35%	4.24%
2013 年 2 月	4.20%	5.93%
2013 年 3 月	−5.59%	−6.83%
1.00 元投资的累计财富	1.017 元	1.029 元

以 2011 年 12 月为基期，采用上述计算方法，上证综指基金的表现优于投资者组合。

5.6　计算非日历时间段的收益

　　指数值也可用于计算非日历时间段的收益。例如，计算 2007 年 6 月末至 2008 年 6 月末长期国债的资本增值收益，可将 2008 年 6 月的指数值除以 2007 年 6 月的指数值再减 1（见附表 2-8）。

　　获得的收益为：$\dfrac{1.3232}{1.3134} - 1 = 0.00746 \approx 0.75\%$。

第 6 章 收益的统计分析

对历史资产或投资组合收益进行统计分析有助于我们了解资产收益率的特征，包括平均水平、风险水平、波动性、联动性、随机性和周期性。本章主要研究收益的算术平均值、几何平均值、标准差，以及收益的序列相关和互相关。此外，我们使用这些统计数据来解释资产的质量，即其增长率和波动性。

6.1 收益的算术和几何平均值

6.1.1 计算收益的算术平均值

一个序列的算术平均值是该序列中所有元素的平均值，计算方式如下：

$$r_A = \frac{1}{n} \sum_{t=1}^{n} r_t \tag{6.1}$$

其中，

$r_t = t$ 期间，即从 $t-1$ 时到 t 时的收益

$n =$ 期间数量

6.1.2 计算收益的几何平均值

一个序列的几何平均值是该序列中所有元素的复合收益，计算方式如下：

$$r_G = \left[\prod_{t=1}^{n} (1+r_t) \right]^{\frac{1}{n}} - 1 \tag{6.2}$$

其中，r_t 是 t 期间的收益，n 是所涉及的期间数量。此外，几何平均值可以用价格指数的开始值和结束值计算，如下：

$$r_g = \left[\frac{V_n}{V_0}\right]^{\frac{1}{n}} - 1 \tag{6.3}$$

其中，

$$V_n = t \text{ 时价格指数的终值}$$

$$V_0 = 0 \text{ 时价格指数的起始值}$$

n 是有收益观测值的期间数量。

6.1.3　几何平均值与算术平均值

下面举例说明几何平均值和算术平均值之间的差异。

【例 6-1】　假设将 1.00 元投资于大公司的投资组合两年，第一年和第二年的收益率分别为 50% 和 −50%。第一年末投资值增长至 1.5 元，第二年末下降至 0.75 元。在这种情况下，年算术平均收益是 0.0%，而几何平均收益是 −13.4%。

几何平均衡量了财富在多个时期的变化。相比较而言，算术平均则反映了一定时期内投资的平均表现，更适合预测、折现和估计机会成本。

一般来说，对于一个收益序列，它的几何平均值在任何时期都小于它的算术平均值。只有当所有要素都相同时（即每个时期的收益相等），两个值才相等。对于任何非恒定收益序列，两个值之间的差值与序列的方差正相关。例如，高风险和大公司股票组合的差值远大于短期国债。

6.2　标准差序列

标准差衡量一个序列中的观测值偏离其算术平均值的程度。对于投资组合收益序列，其标准差或方差度量了投资组合的风险，即围绕序列均值的波动程度。

6.2.1　计算标准差

对于服从正态分布的序列，大约 2/3 的观测值在算术平均值的一个标准差的范围之内；大约 95% 的观测值在两个标准差的范围之内；大约 99% 的观测值在三个标准差的范围之内。例如，美国大公司从 1926 年到 1998 年收益率的算术平均值为 13.2%，标准差为 20.3%。因此，大约 2/3 的观测值在 −7.1% 到 33.5%（13.2±20.3）的范围内，大约 95% 的观测值在 −27.4% 到 53.8% 的范围内（13.2±40.6）。

收益序列标准差计算如下：

$$\sigma_r = \sqrt{\frac{1}{n-1} \sum_{t=1}^{n} (r_t - r_A)^2} \tag{6.4}$$

其中，r_A 是收益序列的算术平均值，r_t 是期间 t 的收益，n 是序列中的期间数。

标准差的大小取决于数据频率。因此，我们可以根据月收益得到月标准差。此外，我们可以通过对月度数据进行年化来得出年度标准差 σ_n，如下所示：

$$\sigma_n = \sqrt{[\sigma_1^2 + (1+\mu_1)^2]^n - (1+\mu_1)^{2n}} \tag{6.5}$$

其中，

$$\sigma_1 = 月收益的标准差$$

$$\mu_1 = 月收益的算术平均值$$

$$n = 一年中的期间数，即 12 个月或 4 个季度$$

式 (6.5) 近似等于：

$$\sigma_n \approx \sqrt{n}\sigma_1 \tag{6.6}$$

在以上的简化计算中，年收益为 12 个独立的月收益之和，而在式 (6.5) 中，年收益为 12 个月的复合收益。式 (6.6) 得到的只是一个近似值。准确的公式和式 (6.6)都假设月收益序列没有自相关。

6.2.2 标准差的局限性

收益的标准差显然是描述风险概念的最简单的方式。然而，从业者和学者认为标准差没有从投资者的角度刻画风险的本质特征。

作为风险度量的一种方式，标准差的局限性之一是假设收益序列服从正态分布。根据经验，收益通常表现出过度峰态，这被称为尖峰或厚尾分布。呈厚尾分布的序列会表现出比正态分布预期更大的波动性。2013 年 8 月 16 日，上证综指一分钟飙升 5.62%。因此，了解除标准差之外的其他的市场特性有助于我们更好地获悉市场的风险状况。

6.3　市场的波动性

图 6-1描绘了大公司股票和长期国债的月收益波动率。大公司股票的历史比长期国债还要长。在这两种资产的历史上，总体来说，大公司股票的收益比长期国债的收益波动性要大得多。由于只有少量股票进行交易，且没有每日涨跌幅限制，大公司股票序列在前几年波动非常大。1998 年底达到顶峰。2000 年和 2004 年波动幅度比较温和，在 2006 年至 2010 年波动率有所上升，但仍低于早年的极端水平。

债券市场的波动性普遍较为温和。长期国债在 1997 年和 1998 年初波动幅度较大。但从 1999 年到现在，债券市场一直比较稳定，波动性很低。在 2008 年至 2009 年的熊市期间，资本转向债券市场，导致该期间波动性增加。

要计算整个市场的月收益率，我们首先计算每个月个股的收益率，然后根据投资组合中每只股票的权重计算投资组合收益。

如前所述，单个股票的月收益可以计算如下：

$$R^{T,mon} = \left[\prod_{i=1}^{N} (1 + r_t^T) \right] - 1 = [(1 + r_1^T)(1 + r_2^T) \cdots (1 + r_N^T)] - 1 \qquad (6.7)$$

其中，

$$r_t^T = 股票在 t 日的总收益$$

$$N = 当前月的交易天数$$

(%)

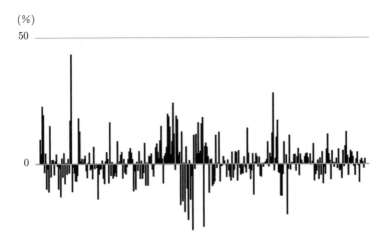

1997 1999 2001 2003 2005 2007 2009 2011 2013 2015 2017 2019 2021 (年份)

(a) 大公司股票

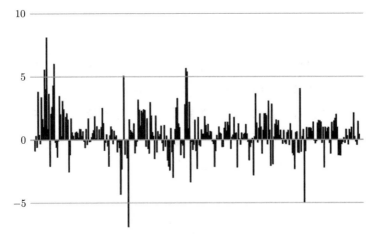

1997 1999 2001 2003 2005 2007 2009 2011 2013 2015 2017 2019 2021 (年份)

(b) 长期国债

图 6-1   股票和国债逐月收益比较

投资组合的月度总收益为

$$R_{Portfolio}^{T,mon} = \sum_{j=1}^{M} w_j R_j^{T,mon} = w_1 R_1^{T,mon} + w_2 R_2^{T,mon} + \cdots + w_M R_M^{T,mon} \qquad (6.8)$$

其中，

$$R_j^{T,mon} = 股票 \ j \ 的月收益$$

$$M = 投资组合中包含的股票数量$$

$$w_j = 投资组合中股票 \ j \ 的权重$$

w_j 的计算方式为月初市值除以投资组合总市值：

$$w_j = \frac{V_j}{\displaystyle\sum_{j=1}^{M} V_j} \qquad (6.9)$$

6.4　相关系数：序列相关性和互相关

6.4.1　序列相关性

资产收益序列的可预测程度分为随机、不可预测或受一定趋势和周期性影响，可以通过其序列相关性或自相关来描述。

序列相关，也称为一阶自相关，度量了本期收益与下一期收益的相关性。从理论层面来看，自相关系数为 1 的高度自相关序列可以完全预测，而系数接近 0 的序列几乎是随机的，无法预测。

6.4.2　互相关

两个序列之间的相关性也称为相关系数，其值范围在 -1 和 $+1$ 之间。相关系数反映了两个序列在何种程度上一致波动。完全正相关（相关系数为 $+1$）意味着当一只证券向上或向下波动时，另一只证券将以相同的方向同步移动。序列 X 和 Y 之间的相关系数由下式给出：

$$\rho_{X,Y} = \left[\frac{\text{Cov}(X,Y)}{\sigma_X \sigma_Y} \right] \qquad (6.10)$$

其中，

$$\sigma_X = X \text{ 的标准差}$$

$$\sigma_Y = Y \text{ 的标准差}$$

$$\text{Cov} = X \text{ 与 } Y \text{ 的协方差}$$

协方差定义如下：

$$\text{Cov}(X, Y) = \frac{1}{n-1} \sum_{t=1}^{n} (r_{X,t} - r_{X,A})(r_{Y,t} - r_{Y,A}) \tag{6.11}$$

其中，

$$r_{X,t} = t \text{ 期 } X \text{ 收益序列}$$

$$r_{Y,t} = t \text{ 期 } Y \text{ 收益序列}$$

$$r_{X,A} = X \text{ 收益序列的算术平均值}$$

$$r_{Y,A} = Y \text{ 收益序列的算术平均值}$$

$$N = \text{期间数}$$

6.5   基本序列的汇总统计

表 6-1 总结了七个类别基本资产年收益率的统计特征。对于某些资产，总收益包括收入收益和资本增值收益，其相关统计量也在此表列示。

表 6-1 显示，从 1993 年到 2021 年，大公司股票风险较大，年收益率的标准差达到 54.2%，而其收益表现平平，对于长期投资者来说，每年只有 6.9% 的收益，包括 1.9% 的收入收益和 5.0% 的资本增值收益。我们还注意到，大公司股票的年收益率呈现出负的序列相关，不过程度很低，其相关系数仅为 −0.06。

小公司股票是风险最高的资产类别，年标准差为 62.9%，长期投资者可以从中获得最大的收益，年收益的算术平均值为 30.0%，几何平均值为 17.7%。小公司股票年收益的序列相关系数为 −0.11。

表 6-1　　　基本资产类别年度总收益、收入收益、资本增值收益的汇总统计

序列	几何平均值 (%)	算术平均值 (%)	标准差 (%)	序列相关
大公司股票				
总收益	6.9	17.1	54.2	−0.06
收入收益	1.9	1.9	0.9	0.59
资本增值收益	5.0	15.1	53.6	−0.07
小公司股票 (总收益)	17.7	30.0	62.9	−0.11
长期信用债 (总收益)	4.9	5.0	5.7	−0.26
长期国债				
总收益	5.9	6.3	9.1	0.01
收入收益	4.0	4.0	1.9	0.84
资本增值收益	1.9	2.2	7.6	−0.18
中期国债				
总收益	5.1	5.2	5.5	0.07
收入收益	4.4	4.5	2.3	0.75
资本增值收益	0.6	0.7	4.6	−0.16
短期国债 (总收益)	3.3	3.3	2.2	0.47
通货膨胀	3.8	3.9	5.7	0.78

　　长期信用债、长期国债、中期国债风险均较小，因此它们的平均收益率较低。长期信用债年收益率的标准差为 5.7%，算术平均值为 5.0%。对于长期国债和中期国债，年收益率的标准差分别为 9.1% 和 5.5%。其算术平均值分别为 6.3% 和 5.2%。长期国债的收入收益和资本增值收益分别为 4.0% 和 1.9%；中期国债为 4.4% 和 0.6%。

　　我们还注意到，长期信用债券的年收益率表现出显著的序列负相关，其系数为 −0.26。而长期和中期的收益率呈正列相关，其系数分别为 0.01 和 0.07。

　　短期国债几乎没有风险，收益率最低，为 3.3%。其收益的标准差为 2.2%，反映了短期利率的时间变化，而不是收益风险。短期国债的收益序列呈较强的序列正相关，反映了短期利率随时间的持续性。

6.6　基本序列和衍生序列的相关性

　　不同资产收益之间的相关性代表了它们风险的共性。风险共性的有趣之处在于其反映了资产所暴露风险的系统性要素。而人们普遍认为系统性风险与这些资

产的预期收益有关。

6.6.1　基本序列的相关性

表 6-2 展示了七个基本序列，即基本资产类别的年收益之间的互相关。一个显著的特点是，尽管每种资产类别（国债除外）都由不同资产构成，但总体而言，资产类别之间的风险相关性相当大。

表 6-2			基本序列：历史年收益的序列相关及互相关				
序列	大公司股票	小公司股票	长期信用债	长期国债	中期国债	短期国债	通货膨胀
大公司股票	1.00						
小公司股票	0.73	1.00					
长期信用债	−0.43	−0.39	1.00				
长期国债	−0.29	−0.19	0.61	1.00			
中期国债	−0.38	−0.24	0.57	0.97	1.00		
短期国债	−0.07	−0.09	0.22	0.76	0.80	1.00	
通货膨胀	−0.16	−0.12	0.03	−0.01	−0.02	−0.12	1.00
序列相关	−0.06	−0.11	−0.26	0.01	0.07	0.47	0.78

大公司股票和小公司股票的收益相关性为 0.73。令人惊讶的是，它们都分别与公司债的收益呈现显著负相关，系数分别为 −0.43 和 −0.39。股票也与国债表现出显著的负相关。大公司股票的收益率分别与 −0.29 和 −0.38 的长期、中期国债呈负相关。小公司股票与中长期国债表现出类似的负相关性，幅度略小。大公司股票和小公司股票也与通货膨胀呈负相关性，系数分别为 −0.16 和 −0.12。

长期信用债与长期国债收益率之间的相关性为 0.61，这意味着这两种资产之间的联动性很强。由于信用债的评级很高，信用风险有限，这使得它成为国债的替代品，主要受利率驱动。长期信用债与中期国债之间的相关性处于相似水平，为 0.57。信用债与短期国债的相关性依然显著为正，但幅度较小，即 0.22。

三类期限的国债之间的相关性都很高，在 0.74 以上。中长期国债的相关性高达 0.97。

如果通货膨胀出现意料之外的波动，将会对固定收益证券产生负面影响。令人惊讶的是，长期国债收益和长期信用债收益都与通胀呈正相关。此外，短期国债和中期国债收益率与通货膨胀呈负相关。

6.6.2 衍生序列的相关性

表 6-3列出了四个风险溢价与通货膨胀序列的年度互相关和序列相关情况。

序列	大公司 股票溢价	小公司 股票溢价	违约 溢价	期限 溢价	通货 膨胀
大公司股票溢价	1.00				
小公司股票溢价	−0.15	1.00			
违约溢价	0.05	−0.25	1.00		
期限溢价	−0.36	0.22	−0.70	1.00	
通货膨胀	−0.05	0.17	0.04	0.02	1.00
序列相关	−0.14	0.07	0.54	−0.12	0.78

表 6-3   风险溢价和通货膨胀：历史年收益的序列相关和互相关

可以观察到大公司股票溢价与小公司股票溢价呈负相关，与违约溢价和期限溢价也呈负相关。后二者程度较高，分别为 0.05 和 −0.36。然而，小公司股票溢价与违约溢价、期限溢价以及通货膨胀呈正相关。

还可以注意到，大公司股票溢价和期限溢价表现出轻微的序列负相关，而小公司股票溢价仅表现出轻微的序列负相关，为 0.07。

表 6-4 展示了通胀调整后的资产收益序列的年度互相关和序列相关情况。一般来说，当考虑通货膨胀后，资产类别之间的互相关与不考虑通胀时相似。

6.6.3 衍生序列的相关性：随机性还是趋势性

股票的历史风险或收益可以用风险溢价来解释，包括小公司股票风险溢价、债券违约溢价和债券期限溢价。短期国债收益率被视为名义无风险利率，而实际无风险利率是通胀调整后的短期国债收益率。

年度序列相关性反映了当年与次年收益之间的相关性。显著序列正相关，系数接近 1，表示序列呈趋势性；显著负相关，系数接近 −1，表明倒转的趋势性；如果相关系数接近 0，则该序列没有明确的变化模式。

表 6-5 展示了关于五个序列的年度序列相关的解释。我们发现，从实证角度看，股票风险溢价、小公司股票风险溢价和债券的期限溢价接近随机变化，债券

违约溢价呈现微弱趋势。实际利率在年度频率上清楚地表现出趋势行为。

表 6-4　　　　　　　　通胀调整序列：历史年收益的序列相关和互相关

序列	通胀调整						
	大公司股票	小公司股票	长期信用债	长期国债	中期国债	短期国债	通货膨胀
大公司股票	1.00						
小公司股票	0.73	1.00					
长期信用债	−0.37	−0.30	1.00				
长期国债	−0.26	−0.14	0.63	1.00			
中期国债	−0.32	−0.16	0.60	0.96	1.00		
短期国债	0.01	0.05	0.35	0.69	0.79	1.00	
通货膨胀	−0.24	−0.21	−0.29	−0.22	−0.36	−0.70	1.00
序列相关	−0.07	−0.10	−0.17	0.15	0.29	0.63	0.78

表 6-5　　　　　　　　　　关于年序列相关的解读

序列	序列相关	解读
大公司股票溢价	−0.14	随机
小公司股票溢价	0.07	随机
债券违约溢价	0.54	可能存在趋势性
债券期限溢价	−0.12	随机
实际利率	0.78	趋势性

6.7　资产风险随时间变化

投资者还关注风险的变化，通常用标准差或不同时期收益序列的波动性来度量风险。在本节中，我们将研究基本和衍生收益序列的波动性如何随时间变化。

6.7.1　以五年为单位的年化月度波动率

表 6-6 列出了从 1993 年开始按五年分期的基本序列的年化月标准差，反映了收益波动率随时间的变化而产生的差异。

就整体水平而言，我们发现股票收益的波动性始终远高于债券收益和通货膨胀率。正如预期的那样，在股票分类中，小公司股票的波动性高于大公司。显然，从 1993 年到 2021 年底，资产波动性变化很大。在最初的几年里，无论大小公司，股票的波动性都非常高。然后它会随着时间的推移而减少。但在 2007 年中国股市大幅下挫、全球金融危机以及 2015 年前后的动荡时期，股票波动性大幅上升。

表 6-6		5 年期年化月标准差			单位：%
序列	1993~ 1997 年	1998~ 2002 年	2003~ 2007 年	2008~ 2012 年	2013~ 2021 年
大公司股票	62.31	29.44	27.74	32.61	24.00
小公司股票	87.97	29.53	42.64	38.86	41.77
长期信用债		3.65	4.68	2.76	2.45
长期国债		5.20	6.45	5.36	5.24
中期国债		3.68	3.41	5.36	3.88
短期国债		2.04	1.31	1.40	1.31
通货膨胀	2.02	0.29	0.51	0.77	0.16

　　债券收益的波动性在时间变化上也表现出类似的模式：最初很高，在 21 世纪 00 年代前半期下降，然后在 00 年代后半期上升，并在最近几年下降到较低水平。

　　通货膨胀率的波动遵循类似的路径，在 20 世纪 90 年代处于高位，在 21 世纪 00 年代前半期显著下降，在 00 年代后半期上升，然后最近又回到较低水平。

　　序列在某一年的标准差等于该年 12 个月收益率的标准差。然后根据式 (6.5) 对月收益的标准差进行年化处理，得到年化波动率。

6.7.2　年化月度波动率

　　表 6-7 显示了从 1994 年到 2021 年的每个基本和衍生序列的月收益率的年化标准差。

　　表 6-7 和表 6-6 中的估计值与表 2-1、表 6-1 严格上来说没有可比性，后者列出了在整个样本周期的年收益标准差。序列的算术平均值趋势不遵循随机模式。具有漂移平均值的序列与其长期平均值的偏差将高于与特定日历年平均值的偏差。

　　如表 6-7 所示，大公司股票和股票风险溢价的年化月标准差几乎相同，因为短期国债系列几乎没有偏差。

表 6-7　　　　　　　　　　　基本及衍生序列：年化月标准差　　　　　　　单位：%

年份	基本序列							衍生序列				
	大公司股票	小公司股票	长期债券	长期债券	中期债券	短期债券	通胀	股权风险溢价	小公司股票溢价	债券违约溢价	债券期限溢价	通胀调整国库券
1994	118.03	152.18					0.59		35.26			
1995	29.37	36.48					1.19		11.70			
1996	50.88	73.13					0.28		44.68			
1997	38.01	35.17	3.43	9.62	8.68	4.46	0.47	39.04	22.92	6.80	9.11	4.51
1998	19.13	30.10	2.65	8.67	6.12	2.43	0.21	18.23	22.88	8.69	7.52	2.46
1999	51.19	35.87	5.46	5.59	4.14	3.74	0.16	55.89	26.47	6.17	3.59	3.75
2000	22.71	18.58	2.44	1.45	1.51	1.65	0.17	22.61	18.85	2.77	1.63	1.76
2001	16.77	29.02	4.20	2.49	1.61	1.24	0.22	16.77	18.35	4.41	2.18	1.24
2002	23.39	28.82	2.88	4.04	2.22	0.72	0.10	23.27	17.10	2.38	3.65	0.73
2003	14.38	22.27	5.31	7.53	2.69	0.99	0.28	14.06	18.54	5.56	7.22	0.89
2004	19.49	33.38	4.68	7.68	4.30	1.44	0.33	19.30	18.77	4.75	7.71	1.45
2005	18.71	37.34	3.14	5.06	2.67	1.47	0.22	19.25	31.85	4.66	4.49	1.41
2006	26.76	34.46	3.36	3.65	2.81	1.63	0.15	27.39	34.26	2.37	4.05	1.70
2007	37.41	61.61	2.39	5.72	3.25	1.01	0.49	36.82	42.42	4.91	6.16	1.19
2008	40.74	54.63	4.30	8.23	5.01	1.31	0.68	40.33	31.05	5.83	7.80	1.92
2009	38.52	31.30	1.46	5.03	2.97	1.18	0.35	38.83	19.81	6.08	4.66	1.17
2010	26.21	27.48	2.52	3.61	3.89	2.02	0.28	25.44	18.44	1.95	4.15	2.00
2011	12.41	26.02	2.29	2.27	9.31	0.91	0.21	12.41	21.48	2.46	1.73	1.00
2012	20.23	32.50	1.98	3.88	2.77	0.61	0.25	20.40	23.39	2.82	3.66	0.50
2013	17.19	33.50	1.98	3.71	5.85	0.91	0.12	17.22	21.20	2.69	3.49	0.94
2014	30.27	25.47	2.49	4.48	3.04	0.97	0.11	32.85	40.82	3.49	3.73	0.97
2015	30.55	67.36	2.01	5.38	1.56	2.31	0.08	30.56	54.77	4.74	6.34	2.32
2016	26.17	41.92	2.94	2.63	2.09	1.09	0.08	26.65	21.50	2.51	2.61	1.12
2017	5.97	19.78	1.77	7.46	5.18	0.57	0.13	5.78	20.13	6.89	7.30	0.55
2018	16.65	23.40	1.64	2.25	3.25	0.59	0.11	16.64	25.90	2.77	2.36	0.59
2019	15.77	26.72	1.47	3.76	1.66	0.50	0.27	15.58	19.01	2.73	3.43	0.55
2020	18.51	19.58	2.73	3.99	4.17	1.06	0.53	18.86	15.65	2.35	3.12	1.05
2021	11.21	21.49	1.30	2.58	1.43	0.52	0.21	11.35	25.64	1.38	2.39	0.49

短期国债收益率、通胀率和经通胀调整的短期国债收益率均具有较低的年化月标准差，并且在短期，如月度，具有一定的可预测性。然而，从表 6-1 中可以看出，这些序列的长期可预测性要低得多。由于难以预测长期均值的方向和幅度，因此与年化月标准差相比，这些系列在长期内具有更高的标准差。

6.8　滚动周期标准差和相关性

6.8.1　滚动周期标准差

滚动周期标准差是通过沿每个时间序列滚动固定长度窗口并计算每个周期资产类别的标准差得出的。是一种分析资产在持有期波动性或风险性的有用工具。由于波动率是在滚动窗口的结束日得出，因此它代表窗口期间直至结束日期的已实现波动率。

图 6-2 展示了大小公司的滚动窗口波动率，以月度数据计算得到。为了比较，我们还用可得数据计算了长期国债的滚动窗口波动率。

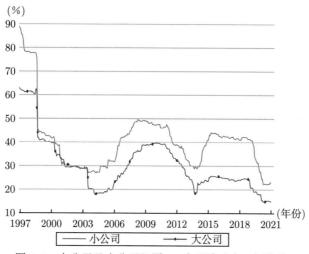

图 6-2　大公司及小公司股票 60 个月滚动窗口标准差

可以看出，1997~1998 年大小公司股票的滚动窗口标准差较大，2001~2005 年较低。2006 年之后波动率再次上升，2009 年达到峰值。之后，2015 年上半年呈稳步下降趋势，2015 年下半年市场震荡后转为上升趋势。

图 6-3 绘制了长期、中期和短期国债的滚动窗口波动率，以 1997 ～ 2021 年的月度数据计算得出。与大小公司股票相比，国债的滚动窗口波动率要小得多，波动范围为 0% 到 7%。

图 6-3　国债 60 个月滚动窗口标准差

6.8.2　滚动周期相关性

滚动周期相关性是基于沿每个时间序列滚动的固定长度窗口来估算的两个资产类别之间的相关性，可以反映每个资产类别在持有期间随其他资产波动的情况。以月度数据计算。

图 6-4显示了滚动周期为 60 个月的两个资产类别之间的互相关。第一个滚动期是从 1997 年 1 月到 2001 年 12 月，因此时间轴从 2001 年 12 月开始。虚线表示大公司股票和长期国债，在过去 21 年其范围在 −0.6 到 0.3 之间波动。实线反映了短期国债与通胀率的相关性，2007 年之前为负值，2008 年之后的大部分时期转为正值。

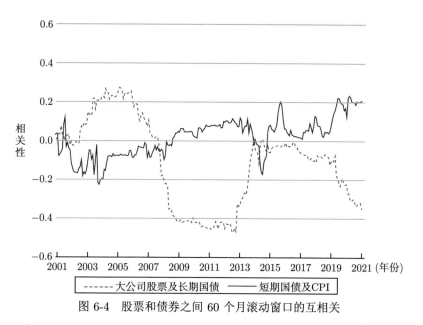

图 6-4　股票和债券之间 60 个月滚动窗口的互相关

第 7 章　公司规模和收益

7.1　公司规模效应

公司规模与股票收益之间的关系是现代金融界最重要目的发现之一。[①] 平均而言，小公司股票的收益率高于大公司股票，我们在前几章关于沪深交易所交易的最小股票的探讨中介绍了这一现象。公司规模和收益之间的关系适用于所有规模的公司。本章将研究不同规模公司的收益情况。

关于公司规模现象的阐述如下。首先，对于小公司股票来说，其长期较高的收益并不能用较大的市场风险来完全解释。在资本资产定价模型中，只有市场风险或贝塔 (beta) 风险会得到收益。而实证检验表明，小公司股票的收益超过了贝塔 (beta) 所隐含的收益。

其次，小公司股票和大公司股票的年收益率之间的差异是序列相关的，这意味着过去的年收益率可以预测未来。这种序列相关或自相关，在大公司股票和大多数资本市场中是不显著的。

此外，公司规模效应是季节性的。例如，小公司股票在 2 月、3 月、7 月、8 月、9 月和 11 月的表现优于大公司股票，但在 6 月和 12 月则相反。

本章将在数据分析后讨论关于公司规模效应的这三个方面的问题，即长期收益超过风险、序列相关和季节性。

7.2　规模投资组合的构建

本章使用的投资组合来自中国资本市场数据库。中国资本市场数据库改进了创建基于规模的投资组合的方法，并将其应用于可追溯到 1992 年的中国股票

[①] Rolf W. Banz 是首位记录这一现象的学者。参见 Banz R.W.，"The Relationship Between Returns and Market Value of Common Stocks"，*Journal of Financial Economics*，1981（9）：3-18.

市场。

7.2.1　按规模划分的投资组合

　　为了构建十分位数，我们采用基于每年年底在上交所和深交所主板上市的股票市值的断点，然后根据断点将所有 A 股股票分成 10 个十分位。每年根据投资组合在当年最后一个交易日的收盘市值对其进行重组。在本书中，第 1 个十分位投资组合代表公司规模最大的股票，第 10 个十分位投资组合代表公司规模最小的股票。

　　我们对股票价格进行了适当调整，以应对包括股息、配股和股权分置改革在内的公司事件。投资组合月收益是按投资组合中单个股票收益的价值加权平均值计算的。投资组合年收益是通过复合月收益来计算的。

7.2.2　十分位投资组合概况

　　表 7-1中列出了 10 个十分位且按规模分组的年收益的汇总统计数据。

表 7-1　　　　　　　　　按规模划分的十分位投资组合年收益的汇总统计

十分位	几何平均值 (%)	算术平均值 (%)	标准差 (%)	序列相关
1–最大	6.9	17.1	54.2	−0.06
2	7.5	18.2	57.2	−0.08
3	9.9	20.1	54.7	−0.11
4	9.8	20.7	57.2	−0.08
5	10.9	21.5	56.3	−0.10
6	11.3	21.4	55.7	−0.09
7	13.2	24.0	58.7	−0.13
8	15.3	26.6	59.2	−0.10
9	17.3	28.3	59.1	−0.09
10–最小	17.7	30.0	62.9	−0.11
大市值 (1~3 位)	7.5	17.2	53.3	−0.09
中市值 (4~7 位)	11.0	21.4	56.2	−0.10
小市值 (8~10 位)	16.8	28.1	59.5	−0.10
全部	9.0	18.4	52.2	−0.10

　　从最大的十分位组移动到最小的十分位组时，几何/算术平均收益往往会增加。一般来说，年收益的总风险或标准差也随着公司规模的增加而下降。值得注

意的是，所有十分位组在其年收益中都表现出负的自相关。

为了便于比较，我们将这些投资组合根据规模再分类。通过将十分位投资组合 1、2、3 中的股票汇集在一起，我们获得了大市值投资组合。十分位投资组合 4、5、6、7 构成中市值投资组合，十分位投资组合 8、9、10 构成小市值投资组合。表 7-1 中列出了这三个投资组合的收益特点。公司规模与平均收益以及波动性之间仍为正相关关系，尽管其相关程度较小。

表 7-1 的最后一行列出了收益的统计属性。其几何平均值为 9.0%，算术平均值为 18.4%，标准差为 52.2%。

表 7-2 是不同规模投资组合的逐年历史收益。我们观察到，对于所有规模的投资组合，年收益率均在 1996 年、2007 年和 2009 年飙升。1996 年，中国股市经历了第一个牛市期。最大的股票（第 1 个十分位）在当年收益为 155.46%，超过了其他十分位投资组合。2007 年，上证综合指数在 10 月达到历史高点。最大的股票（第 1 个十分位）上涨了 152.58%，而其他规模投资组合涨幅更大。最小的股票（第 10 个十分位）上涨了 221.63%。2009 年的看涨势头放缓，但仍然显著。第 1 个十分位股票上涨 94.21%，而第 10 个十分位股票上涨 177.88%。

1994~1995 年和 2008 年的萧条期尽管并不十分严重，但也造成一定影响。第 2 个十分位股票在 1994 年损失超过 40%。然而，第 10 个十分位股票在同年收益超过 3%。2008 年，第 1 个十分位中最大的个股跌幅为 64.88%，而其他十分位的股票跌幅均小于第 1 个十分位。

除了极端年份规模投资组合之间的收益差异外，一些年份的规模效应也值得注意。最大的股票在 1998 年下跌，但最小的股票上涨超过 42%。更极端的情况发生在 1993 年，当时第 1 个和第 10 个十分位组合收益率之间的差异要大得多。大小公司股票的表现分化明显。自 1993 年之后的 29 年内，有 8 年里最大股票（第 1 个十分位）和最小股票（第 10 个十分位）的总收益之间的差异超过 25 个百分点。

表 7-3 展示了在 1992 年底于各组合投资 1.00 元之后财富的增长情况，其增长模式与表 7-2 中模式相似。

在表 7-4 中，我们将整个样本的年收益和指数值细分为小型股、中型股、大型股，以及全样本，收益计算基于每组中包含的十分位组的市值加权值。

表 7-2　　　　　　　　按规模划分的十分位投资组合年收益　　　　单位：%

年份	第 1 个十分位	第 2 个十分位	第 3 个十分位	第 4 个十分位	第 5 个十分位	第 6 个十分位	第 7 个十分位	第 8 个十分位	第 9 个十分位	第 10 个十分位
1993	−10.65	14.86	35.72	4.41	37.47	2.22	60.68	41.58	47.06	38.64
1994	−41.45	−45.95	−27.57	−37.19	−32.11	−14.10	−22.86	−19.97	0.17	3.05
1995	−15.76	−15.69	−14.20	−7.95	−13.22	−11.11	−12.29	−5.63	−4.51	−13.61
1996	155.46	114.65	139.68	140.07	115.05	78.05	74.31	114.09	44.93	89.32
1997	47.05	10.43	24.77	35.34	26.91	24.22	29.51	32.32	39.54	58.16
1998	−26.99	−8.99	2.26	5.70	2.69	19.31	22.19	24.51	35.85	42.46
1999	12.62	21.10	10.31	15.03	20.92	29.92	19.87	28.94	30.46	33.49
2000	36.91	47.13	56.16	59.17	69.29	70.24	74.23	94.83	99.78	84.59
2001	−27.06	−24.22	−23.77	−25.68	−22.07	−21.83	−21.21	−19.62	−17.19	−19.42
2002	−14.88	−18.80	−17.50	−21.06	−21.99	−19.84	−21.73	−23.04	−23.40	−16.40
2003	12.60	3.09	−9.83	−7.67	−10.15	−14.95	−19.20	−18.67	−21.78	−27.94
2004	−18.19	−12.03	−12.73	−16.08	−15.91	−15.11	−15.13	−16.14	−13.45	−18.57
2005	−3.76	−14.26	−15.84	−12.95	−10.89	−11.65	−17.46	−16.21	−13.59	−12.23
2006	122.59	112.64	97.43	95.68	94.57	85.50	75.29	80.59	77.31	54.96
2007	152.58	209.48	172.75	184.99	190.69	198.07	213.17	199.02	199.28	221.63
2008	−64.88	−63.37	−60.41	−61.24	−58.95	−58.39	−55.41	−56.38	−53.60	−55.35
2009	94.21	119.24	130.34	139.07	139.13	154.37	158.50	159.73	175.24	177.88
2010	−16.87	4.04	12.97	7.86	11.49	15.45	15.37	21.75	27.66	22.25
2011	−15.98	−32.47	−34.57	−30.93	−31.66	−29.44	−30.22	−30.02	−28.20	−34.15
2012	6.45	0.58	0.27	4.18	1.32	4.43	5.86	4.11	3.83	2.95
2013	−10.07	12.90	13.47	18.18	22.81	26.28	29.38	30.62	38.43	48.89
2014	60.70	41.60	40.58	43.42	38.51	41.76	35.81	42.15	49.12	51.71
2015	−0.06	30.01	42.88	60.91	68.02	70.89	93.56	90.42	115.15	121.72
2016	−5.72	−18.12	−21.11	−17.44	−15.97	−15.51	−8.43	−2.74	−2.17	−2.75
2017	26.29	6.06	−6.74	−7.70	−12.57	−17.08	−19.36	−21.66	−23.83	−28.21
2018	−18.77	−30.08	−30.80	−32.33	−33.60	−35.54	−32.32	−31.37	−30.68	−27.36
2019	30.92	32.00	28.06	21.80	25.65	20.64	25.02	24.03	26.26	28.06
2020	26.61	19.57	24.42	15.35	11.69	16.32	16.86	16.51	13.33	17.50
2021	0.94	12.67	24.45	27.58	27.46	28.24	23.14	28.72	30.56	28.07

表 7-3　　　　　　　　　　　　　按规模划分的十分位投资组合年末指数值

年份	第1个 十分位	第2个 十分位	第3个 十分位	第4个 十分位	第5个 十分位	第6个 十分位	第7个 十分位	第8个 十分位	第9个 十分位	第10个 十分位
1993	0.89	1.15	1.36	1.04	1.37	1.02	1.61	1.42	1.47	1.39
1994	0.52	0.62	0.98	0.66	0.93	0.88	1.24	1.13	1.47	1.43
1995	0.44	0.52	0.84	0.60	0.81	0.78	1.09	1.07	1.41	1.23
1996	1.13	1.12	2.02	1.45	1.74	1.39	1.89	2.29	2.04	2.34
1997	1.66	1.24	2.52	1.96	2.21	1.73	2.45	3.03	2.85	3.70
1998	1.21	1.13	2.58	2.07	2.27	2.06	3.00	3.77	3.86	5.27
1999	1.36	1.37	2.85	2.38	2.74	2.68	3.59	4.86	5.04	7.03
2000	1.86	2.01	4.44	3.80	4.65	4.56	6.26	9.47	10.07	12.97
2001	1.36	1.52	3.39	2.82	3.62	3.56	4.93	7.62	8.34	10.45
2002	1.16	1.24	2.79	2.23	2.82	2.85	3.86	5.86	6.39	8.74
2003	1.30	1.28	2.52	2.06	2.54	2.43	3.12	4.77	5.00	6.30
2004	1.07	1.12	2.20	1.73	2.13	2.06	2.65	4.00	4.33	5.13
2005	1.03	0.96	1.85	1.50	1.90	1.82	2.19	3.35	3.74	4.50
2006	2.28	2.05	3.65	2.94	3.70	3.38	3.83	6.05	6.63	6.98
2007	5.77	6.33	9.97	8.38	10.76	10.07	12.00	18.09	19.83	22.43
2008	2.03	2.32	3.95	3.25	4.42	4.19	5.35	7.89	9.20	10.02
2009	3.93	5.09	9.09	7.76	10.56	10.65	13.83	20.49	25.33	27.83
2010	3.27	5.29	10.27	8.37	11.77	12.30	15.96	24.95	32.34	34.03
2011	2.75	3.57	6.72	5.78	8.05	8.68	11.14	17.46	23.22	22.41
2012	2.93	3.60	6.74	6.02	8.15	9.06	11.79	18.18	24.11	23.07
2013	2.63	4.06	7.64	7.12	10.01	11.45	15.25	23.74	33.38	34.34
2014	4.23	5.75	10.74	10.21	13.87	16.23	20.71	33.75	49.77	52.10
2015	4.23	7.47	15.35	16.43	23.30	27.73	40.09	64.26	107.09	115.52
2016	3.98	6.12	12.11	13.57	19.58	23.43	36.71	62.50	104.76	112.35
2017	5.03	6.49	11.29	12.52	17.12	19.43	29.61	48.96	79.79	80.65
2018	4.09	4.54	7.82	8.47	11.37	12.52	20.04	33.61	55.31	58.58
2019	5.35	5.99	10.01	10.32	14.28	15.11	25.05	41.68	69.84	75.02
2020	6.77	7.16	12.45	11.90	15.95	17.57	29.27	48.56	79.15	88.15
2021	6.84	8.07	15.50	15.19	20.33	22.53	36.05	62.51	103.33	112.89

表 7-4　　小、中、大型股和全样本市值按规模划分的十分位投资组合：收益及指数

年份	总收益				指数值			
	小市值股票	中市值股票	大市值股票	全部股票	小市值股票	中市值股票	大市值股票	全部股票
1992					1.00	1.00	1.00	1.00
1993	0.47	0.20	0.00	0.08	1.47	1.20	1.00	1.08
1994	−0.07	−0.29	−0.40	−0.33	1.37	0.86	0.60	0.72
1995	−0.08	−0.11	−0.15	−0.13	1.26	0.76	0.51	0.63
1996	0.84	1.07	1.41	1.24	2.33	1.57	1.22	1.40
1997	0.40	0.29	0.34	0.33	3.27	2.03	1.65	1.88
1998	0.32	0.11	−0.18	−0.05	4.31	2.25	1.36	1.78
1999	0.31	0.21	0.15	0.18	5.63	2.71	1.55	2.11
2000	0.94	0.67	0.43	0.57	10.93	4.54	2.23	3.31
2001	−0.19	−0.23	−0.26	−0.24	8.89	3.50	1.66	2.52
2002	−0.22	−0.21	−0.16	−0.19	6.97	2.76	1.38	2.05
2003	−0.22	−0.12	0.06	−0.03	5.45	2.42	1.46	1.98
2004	−0.16	−0.16	−0.16	−0.16	4.60	2.04	1.23	1.67
2005	−0.14	−0.13	−0.08	−0.10	3.93	1.78	1.13	1.51
2006	0.73	0.89	1.17	1.07	6.82	3.37	2.45	3.12
2007	2.03	1.94	1.65	1.72	20.69	9.89	6.49	8.49
2008	−0.55	−0.59	−0.64	−0.63	9.26	4.05	2.32	3.14
2009	1.69	1.46	1.01	1.11	24.95	9.94	4.67	6.62
2010	0.24	0.12	−0.12	−0.07	30.88	11.10	4.12	6.14
2011	−0.30	−0.31	−0.19	−0.21	21.50	7.69	3.32	4.83
2012	0.04	0.04	0.05	0.05	22.30	7.97	3.50	5.07
2013	0.38	0.23	−0.06	0.00	30.80	9.81	3.30	5.05
2014	0.47	0.40	0.56	0.54	45.23	13.77	5.15	7.76
2015	1.07	0.71	0.07	0.20	93.74	23.50	5.53	9.34
2016	−0.03	−0.15	−0.10	−0.10	91.35	19.98	5.00	8.39
2017	−0.24	−0.13	0.20	0.10	69.41	17.30	5.98	9.24
2018	−0.30	−0.33	−0.21	−0.24	48.38	11.53	4.70	7.05
2019	0.26	0.23	0.31	0.30	60.85	14.19	6.16	9.14
2020	0.16	0.15	0.25	0.24	70.37	16.28	7.72	11.29
2021	0.29	0.27	0.04	0.08	90.94	20.66	8.07	12.23

7.2.3　十分位数的规模

表 7-5 显示了十分位投资组合的市场份额。可以看出，在 2021 年末，前三个十分位的股票占据了大部分市值（约 81%），其中第 1 个十分位的 354 只股票约占 60%，而最小的十分位仅占据约 1% 的总市值。

表 7-5　　　　　　按规模划分的十分位投资组合的边界、规模以及构成

十分位	总资本的历史平均百分比 (%)	最近的公司数	最近的十分位市值 (万元)	总资本的最近百分比 (%)
1–最大	49.30	354	4504331747.5	60.20
2	13.10	381	992768449.0	13.30
3	8.97	394	584007452.9	7.81
4	6.90	391	378774498.2	5.06
5	5.55	438	297903510.5	3.98
6	4.63	466	230897740.8	3.09
7	3.88	475	176962949.4	2.37
8	3.22	457	129147716.6	1.73
9	2.65	494	102471971.7	1.37
10–最小	1.82	740	84028180.5	1.12
大市值（1~3 位）	71.30	1129	6081107649.3	81.30
中市值（4~7 位）	21.00	1770	1084538698.9	14.50
小市值（8~10 位）	7.70	1691	315647868.8	4.22

十分位	最近市值 (万元)	公司代码	公司名称
1–最大	257520549.0	600519	贵州茅台酒股份有限公司
2	3507411.3	002372	浙江伟星新型建材股份有限公司
3	1887822.8	000829	天音通信控股股份有限公司
4	1180342.6	600696	上海贵酒股份有限公司
5	798754.1	603328	广东依顿电子科技股份有限公司
6	574329.7	002520	浙江日发精密机械股份有限公司
7	426280.4	300867	圣元环保股份有限公司
8	324055.9	002654	深圳万润科技股份有限公司
9	243380.0	603080	新疆火炬燃气股份有限公司
10–最小	171423.7	002868	绿康生化股份有限公司

表 7-5 第二列中的数据是 1993~2021 年 29 年的平均值。当然，各种十分位数所代表的比例每年都不同。第三列和第四列的公司数量和市值呈现了 2021 年末每个十分位组合的结构。

表 7-5 的底部显示了每个十分位中最大的公司及其市值。

7.3 超额风险的长期收益

鉴于小公司股票往往风险更大，其更高的收益可以作为对部分风险的补偿。将资产的风险溢价作为其风险补偿的一个基准模型是资本资产定价模型 (Capital Asset Pricing Model, CAPM)。CAPM 可以表示如下：

$$k_s = r_f + \beta_s \times ERP$$

其中，

$$k_s = 股票\ s\ 的预期收益$$

$$r_f = 无风险资产的预期收益$$

$$\beta_s = 股票\ s\ 的\ \mathrm{beta}$$

$$ERP = 预期股权风险溢价$$

资产的系统性风险是通过它的 β 来衡量的。大于 1 的 β 表示证券风险比市场风险更大。根据 CAPM，投资者因承担额外的系统性风险而获得补偿。

然而，资本资产定价模型 (CAPM) 并不能完全解释小公司股票的较高收益。表 7-6 显示了 1993~2021 年在上交所和深交所交易的不同规模投资组合超过无风险利率的收益。我们发现，无法用资本资产定价模型解释的规模溢价在所有十分位数组合中都很高。

表 7-6   按规模划分的十分位投资组合超过 CAPM 的长期收益

十分位	β	算术平均值 (%)	超过无风险收益的实际收益 (%)	超过无风险利率的 CAPM 收益 (%)	规模溢价（超过 CAPM 收益）
中市值 (4~7 位)	1.00	21.42	18.03	13.18	4.85
小市值 (8~10 位)	0.97	28.13	24.61	12.80	11.81

　　然而，基于沪深投资组合的历史收益，较小的十分位数的收益率并不能完全用 CAPM解释。从第 1 个十分位中的最大公司到第 10 个十分位中的最小公司，超过 CAPM 的部分也渐渐增加，尤其是第 8~10 个十分位中的小型股。这种与规模相关的现象促进了 CAPM 的改进，即将规模溢价纳入考虑范围。

　　CAPM用于计算超过无风险利率的收益，并将此估计与历史业绩进行比较。根据 CAPM，证券的收益由无风险利率和超额收益组成。超额收益的计算方法是将 β 乘以股票风险溢价，这是投资者因承担市场风险而获得的补偿。CAPM预测的超额收益与实际实现的超额收益之间的差额就是规模溢价。

　　这种现象也可以用图 7-1表示。很明显，投资于小型股投资组合会比投资于中型股和大型股投资组合获得更多的收益。此外，中型股投资组合比其他投资组合更稳定。图 7-1 中证券市场线是基于 CAPM 构建的，没有根据规模溢价进行调整。鉴于证券的风险（或 β 系数），预期收益应围绕证券市场线波动。但是，沪深交易所中较小的十分位组合的预期收益位于该线之上，说明这些十分位股的收益过高。

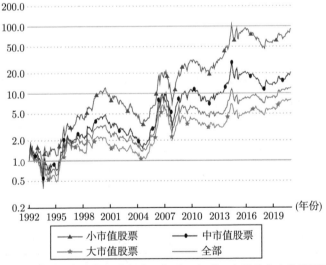

图 7-1　根据规模划分十分位投资组合: 小型、中型、大型及总市值股票财富指数

(1992 年末 = 1.00 元)

7.4 小公司股票收益的序列相关

如表 7-7所示，从第 2~10 个十分位收益中减去第 1 个十分位收益来去除市场的随机效应后，其差值表现出更高的序列相关性。这些序列相关意味着小公司的超额收益在某种意义上是可以预测的。

表 7-7   按规模划分的十分位投资组合超过第 1 个十分位收益的年收益序列相关

十分位	超过第 1 个十分位收益的年收益序列相关
2	−0.17
3	−0.03
4	−0.09
5	−0.03
6	0.04
7	0.04
8	0.07
9	0.10
10	0.07

7.5 季节性

与大公司股票的收益不同，小公司股票的收益也表现出季节性。可以从表 7-8 中观察到其变化模式。对于每个十分位组合和月份，表中列出了平均超额收益以及超额收益为正的次数，二者从不同方面度量了超额收益的季节性。平均超额收益反映了季节性效应的大小，而正超额收益的数量则反映了季节性效应的可靠性。

在 2 月、3 月、5 月、8 月和 11 月，小公司股票的表现通常更优于大公司股票。例如，2 月第 10 个十分位投资组合的 5.45% 的平均收益是所有十分位和所有月份中最大的。与美国股市的"一月效应"类似，这一现象可以用农历新年（2 月）来解释。

另一个有趣的模式是，只有在 6 月和 12 月，最大公司的股票才能跑赢其他十分位组合；可以看到，6 月和 12 月的平均超额收益都是负数。

总的来说，中国股市的规模效应比较显著。而其特有的一些模式使其在其他国家的市场中独树一帜。

表 7-8　　　　　　**按规模划分的十分位投资组合超过第 1 个十分位的序列**

十分位	1 月	2 月	3 月	4 月	5 月	6 月	7 月	8 月	9 月	10 月	11 月	12 月	全部 (1～12 月)
2	1.29	3.30	0.48	−0.62	0.44	−1.44	0.88	0.74	0.38	−0.43	0.82	−1.55	4.28
	10	14	10	10	10	8	9	9	9	9	13	6	
3	0.31	3.48	1.45	−0.29	0.98	−2.17	0.40	1.10	0.21	−0.58	1.40	−2.05	4.23
	9	16	12	10	10	8	10	10	9	8	11	8	
4	1.12	4.07	1.98	−1.24	1.08	−2.71	0.29	1.94	0.44	−0.22	1.52	−2.13	6.15
	10	15	12	9	10	6	9	11	12	8	12	7	
5	0.09	4.34	2.07	0.52	1.15	−2.25	0.46	2.60	0.33	−0.60	1.92	−2.73	7.90
	10	15	12	9	10	7	10	11	9	7	12	7	
6	0.86	4.24	2.98	−0.76	1.28	−2.68	0.60	2.77	0.75	0.03	2.26	−2.68	9.66
	10	15	12	9	11	7	9	12	10	8	12	9	
7	0.62	4.30	3.12	0.66	1.94	−2.30	0.51	2.63	0.95	−0.55	2.88	−2.41	12.34
	10	16	13	9	11	7	10	12	9	8	12	9	
8	1.05	4.95	3.55	−0.75	2.15	−2.56	0.12	3.24	1.41	−0.42	3.30	−2.65	13.38
	9	16	13	9	11	8	10	14	10	9	12	9	
9	0.27	4.63	3.70	0.48	3.33	−1.90	0.61	4.01	1.67	0.44	3.25	−2.61	17.86
	9	16	13	9	12	7	10	13	10	9	12	9	
10	0.22	5.45	4.94	−0.09	4.81	−1.20	0.64	5.26	2.36	0.52	5.02	−2.35	25.58
	9	15	13	8	12	9	9	13	9	10	13	9	

注：表中第一行数字为平均超额收益百分比；第二行数字为超额收益为正值的次数 (共 29 年)。

第 8 章　成长型与价值型投资

8.1　价值溢价

除了第 7 章讨论的规模溢价外，价值溢价也是资产定价中另一个被广泛研究的现象。关于价值（成长）型公司的定义虽然各有不同，但通常是指相对于其市值基本价值较高（低）的公司。广泛的研究表明，在美国和许多国际股票市场，价值型公司的平均收益率高于成长型公司。在本章中，我们考察了中国市场价值股和成长股的收益率。

从 1993 年到 2021 年底，价值股的平均表现优于成长股。然而，仔细观察会发现，这种优异表现很大程度上是由近几年的强劲表现推动的。考虑到中国资本市场历史相对较短，尚不清楚价值溢价在中国股市是否稳健。[①]

8.2　成长型和价值型投资组合

8.2.1　成长型和价值型投资组合的构建

遵循经典的 Fama-French 方法，我们使用账面市值比 (book-to market, B/M) 来定义成长型公司和价值型公司。考虑到中国上市公司往往有多个股票类别，而境内投资者只能公开交易流通 A 股，我们将账面市值比定义为每股股权账面价值与 12 月末流通 A 股价格的比值。分子为账面价值总额除以股份总数，代表一单位流通 A 股的账面价值。账面市值比低的公司被定义为成长型公司，而账面市值比高的公司被定义为价值型公司。

我们将所有中国公司在 $t-2$ (1991~2019) 年的 B/M 比率与 t (1993~2021) 年 1~12 月的收益相匹配。计算 B/M 比率所需的会计数据来自上交所和深交所

---

① 关于中国股市规模和价值效应的更详细讨论，读者可以参考 Grace Xing Hu, Can Chen, Yuan Shao, Jiang Wang, "Fama-French in China: Size and Value Factors in Chinese Stock Returns", *International Review of Finance, 2017, 19(1): 3-44.*

上市公司提交的年度报告。由于所有上市的中国公司财政年度的最后一个月都在
12 月，并且根据法律要求，需要在 4 月底之前提交其年度报告，会计数据和市场
收益之间至少 12 个月的滞后确保了账面市值比公开可用，并且相关信息已反映
在市场价格中。

在 $t-1$ 年的 12 月底，将上交所和深交所的所有股票按流通 A 股市值分成
两组"规模"组合，其断点为沪深两市主板上市的所有 A 股流通市值的中位数。
通过将所有股票按其账面市值比分为低、中、高三组形成三个 B/M 投资组合。账
面市值比为 $t-2$ 年 12 月每股账面价值和流通 A 股价格的比率。三组分别代表
账面市值比的底部 30%、中间 40% 和顶部 30%。两个规模组和三个 B/M 组的
交集产生了六个投资组合。每个投资组合的月收益是按其个股月收益的价值加权
平均收益计算的。然后将投资组合持有 12 个月，并在 t 年底重新构建。年度投
资组合收益是通过将 1 月初至 12 月底 1 年内的每月投资组合收益进行复利计算
得出。

在本章中，我们只考虑低和高 B/M 子组中的四个投资组合，即大价值、大成
长、小价值和小成长。通过按市值和账面市值比对股票进行双重分类，我们可以
控制收益的规模效应，确保实证结果完全由价值和成长性驱动。在下面的讨论中，
我们将重点比较大价值股与大成长股的收益，以及小价值股与小成长股的收益。

8.2.2 成长型和价值型序列的历史收益

表 8-1总结了四个成长型和价值型序列的年收益。几何和算术平均收益表明，
价值股的平均表现优于成长股，大型股比小型股更为突出。将两个大型股的投资
组合进行比较，大价值股的年收益的几何平均值为 9.5%，比大成长股均值高出
3.8 个百分点。大价值股的年收益率的算术平均值为 20.3%，比大成长股的平均收
益率高出 5.4 个百分点。此外，大价值股的标准差比大成长股大。小型股的平均
收益模式与大型股相似，但小价值股与小成长股之间的差异较小。小价值股的收
益比小成长股高，在几何平均值上高出 3.6 个百分点，算术平均值上高出 1.7 个
百分点。小价值股票和小成长股票标准差相似。

为了进一步分析价值股表现较优的原因，我们在表 8-2 中列出了从 1993 年
到 2021 年末的四个成长型和价值型投资组合的年收益率。在 29 年中，有 18 年

大价值投资组合获得的收益高于大成长投资组合，有 11 年收益低于大成长投资组合；小价值投资组合在 21 年中获得的收益高于小成长投资组合，有 8 年获得的收益低于后者。

表 8-1	成长型及价值型序列：年收益 (1993～2021 年)			单位：%
投资组合	年数	几何平均值	算术平均值	标准差
大成长股	29	5.7	14.9	49.0
大价值股	29	9.5	20.3	59.3
小成长股	29	12.2	25.8	65.6
小价值股	29	15.8	27.5	62.1

表 8-2	成长型及价值型序列：年度总收益 (1993～2021 年)			
年份	大成长股	大价值股	小成长股	小价值股
1993	0.30	0.08	1.61	0.07
1994	−0.42	−0.38	−0.45	−0.13
1995	−0.17	−0.12	−0.13	−0.05
1996	0.59	1.72	0.16	1.21
1997	0.26	0.24	0.43	0.31
1998	−0.17	−0.10	0.24	0.32
1999	0.12	0.18	0.22	0.32
2000	0.37	0.50	0.82	0.81
2001	−0.31	−0.21	−0.24	−0.19
2002	−0.21	−0.16	−0.23	−0.17
2003	−0.12	0.12	−0.25	−0.16
2004	−0.31	−0.14	−0.21	−0.15
2005	−0.06	−0.09	−0.17	−0.17
2006	1.17	1.15	0.78	1.01
2007	1.42	2.04	2.18	2.22
2008	−0.62	−0.64	−0.60	−0.57
2009	1.10	0.98	1.59	1.71
2010	0.14	−0.12	0.20	0.14
2011	−0.27	−0.14	−0.28	−0.30
2012	0.01	0.07	0.06	0.08
2013	0.05	−0.06	0.34	0.27
2014	0.22	0.66	0.47	0.53
2015	0.40	0.01	0.98	0.69

年份	大成长股	大价值股	小成长股	小价值股
2016	−0.20	−0.05	−0.11	−0.05
2017	0.02	0.21	−0.24	−0.14
2018	−0.28	−0.20	−0.33	−0.32
2019	0.60	0.18	0.28	0.21
2020	0.67	0.03	0.12	0.18
2021	0.02	0.11	0.25	0.28

尽管在样本中的大多数年份，价值投资组合的表现都优于成长投资组合，但除了 1996 年和 2007 年，其他时段年收益率的差异通常很小。1996 年，价值股与成长股收益率的差值最大，当时大价值和小价值投资组合均比其相应的成长投资组合高出 100 个百分点。仅在 1996 年中，大价值投资组合的收益率比大成长投资组合高出 113.05%。换句话说，大价值投资组合在这一年中的出色表现为其增加了 3.90% 的平均收益，或者算数平均收益 72.61% 中的 5.37%。大价值投资组合表现较优的是 2007 年，其中其年收益率比大成长投资组合高 61.43%。将其相加可看出，1996 年和 2007 年的较高收益，解释了大多数大价值投资组合在整个样本中的更好表现。

小价值投资组合在 1996 年的表现优于小成长股 105.14%，但在 2007 年的收益与小成长投资组合相似。有趣的是，在 1993 年，小价值投资组合的表现比小成长投资组合低了 153.70 %。因为小价值和小成长投资组合在 1993 年中只包含一只股票，所以这种较差的表现可能是由于早期股票的高波动性。简而言之，鉴于股票历史仅有 29 年，很难断定"价值现象"在中国股市是否存在。

图 8-1 展示了四个价值型和成长型序列的表现，绘制了在 1992 年 12 月末将 1.00 元投资于四个投资组合的累积收益变动情况。在 1993 年 1 月至 1995 年底的大部分时间里，大价值和大成长投资组合的收益几乎同步移动。这两个系列从 1996 年初开始出现分叉，因为大价值股票的收益迅速攀升，速度快于大型成长股。1996 年之后，投资大价值投资组合的收益总是大于大成长投资组合。类似地，至 1995 年底之前，两个小型投资组合的收益相似，而在 1996 年之后，小价值投资组合的收益开始高于小成长投资组合。

图 8-1　小价值股、小成长股、大价值股、大成长股的股票指数 (1992 年末 = 1.00 元)

8.3　成长型与价值型序列的相关性

表 8-3 列出了成长型和价值型序列的年度互相关和序列自相关。大价值和大成长投资组合的收益之间的相关性为 0.84。小价值和小成长投资组合的相关性为 0.83。四个价值和成长型投资组合与短期国债和通胀序列的相关性均接近于零或为负值。

表 8-3　成长型及价值型序列：历史年收益的序列相关和互相关（1993~2021 年）

序列	大成长股票	大价值股票	小成长股票	小价值股票	中央银行票据	通货膨胀
大成长股票	1.00					
大价值股票	0.84	1.00				
小成长股票	0.82	0.68	1.00			
小价值股票	0.89	0.90	0.83	1.00		
短期国债	−0.22	−0.10	−0.13	−0.13	1.00	
通货膨胀	−0.19	−0.11	−0.08	−0.15	−0.12	1.00
序列相关	−0.03	−0.09	−0.15	−0.08	0.47	0.78

第 9 章　有效前沿

在本章中，我们比较了中国股票市场与全球股票市场的收益和风险特征，并研究了跨境投资是否为国外和中国投资者带来更多投资机会。

为了便于比较，我们计算了以美元和人民币计价的年度收益。我们使用人民币官方汇率来换算主要经济区域股票市场的收益。由于中国的资本管制政策，这些收益对于国外和中国国内投资者来说只是理论上的，在实践中难以实现。尽管如此，这一对比仍可以帮助我们更好地了解中国资本市场的独特性。

在表 9-1 列出的所有主要经济体中，美国市场的平均收益率最高，风险水平最低。在 1993~2021 年，以美元计算，美国市场收益率的几何平均值为 0.09，算术平均值为 0.10，标准差为 0.17。其他四个发达国家，即日本、英国、德国和法国的股票市场波动略大，标准差在 0.20~0.25。在这四个国家中，德国股市的平均收益率最高，但仍比美国市场低约 1 个百分点。美国、英国、德国和法国的股票市场往往协同波动，两两之间收益率相关性高于 0.80，而日本股市与其他经济体的联合波动则要小得多。以人民币计价的收益模式类似。

表 9-1 突出了中国股票市场的几个独特特征。首先，中国股市波动很大。从 1993 年到 2021 年，其收益率的标准差分别为每年 0.45（美元）和 0.43（人民币），是其他国家收益率的 2~3 倍。尽管波动性很大，但中国股市的收益并不总是位于高位。其年收益率的几何平均值分别为 0.05（美元）和 0.06（人民币），高于日本、英国和法国，但低于美国和德国。中国股市与世界其他市场的相关性也较低。它的收益与日本负相关，与其他国家正相关。这些相关性的程度很小，在 −0.10 到 0.52 的范围内，具体数值取决于相关国家和计价货币。

我们进而研究在中国取消资本管制并允许跨境投资的假设情景下，投资机会的风险/收益权衡是否能够进一步优化。我们用马科维茨均值方差优化来度量可以进入全球股票市场的投资者的投资机会。优化的过程是构建在给定风险水平下可能实现的最高预期收益的投资组合，或在给定预期收益下可能实现的最低风险的投资组合。最优投资组合的集合，称为有效投资组合，构成有效前沿。

表 9-1　　　　　　　　　　主要经济体的股票收益 (1993~2021 年)

国家	年收益 (美元)			相关性					
	几何平均值	算术平均值	标准差	美国	日本	英国	德国	法国	中国
美国	0.09	0.10	0.17	1.00	0.45	0.85	0.82	0.82	0.35
日本	0.02	0.04	0.23		1.00	0.49	0.53	0.57	−0.04
英国	0.04	0.06	0.20			1.00	0.87	0.89	0.52
德国	0.08	0.11	0.25				1.00	0.92	0.50
法国	0.05	0.07	0.21					1.00	0.49
中国	0.05	0.13	0.45						1.00

国家	年收益 (人民币)			相关性					
	几何平均值	算术平均值	标准差	美国	日本	英国	德国	法国	中国
美国	0.09	0.11	0.19	1.00	0.57	0.87	0.84	0.84	0.24
日本	0.02	0.05	0.27		1.00	0.59	0.60	0.64	−0.10
英国	0.03	0.06	0.21			1.00	0.88	0.90	0.41
德国	0.08	0.12	0.25				1.00	0.92	0.40
法国	0.04	0.07	0.22					1.00	0.39
中国	0.06	0.12	0.43						1.00

　　图 9-1 绘制了两个有效前沿，一个由包括中国在内的全球主要经济体的股票市场组合构成，另一个则不包括中国。样本期为 1993 年至 2021 年。两个有效前沿的对比凸显了全球多元化的优势。对于希望获得每年 0.15 (以美元计) 预期收益的国外投资者而言，进入中国股市将有助于将其最有效投资组合的风险从每年 0.21 降至 0.19。类似地，对于想要承担每年 0.2 (以美元计) 风险水平的国外投资者，如果充分利用中国股票市场投资机会，其预期收益将从每年 0.14 增加到 0.16。若以人民币计价的收益，投资效率也将得到类似提升。

　　图 9-1 也说明了全球多元化会为中国投资者创造更优的投资机会。中国投资者在很大程度上只能投资于国内股票市场，如果允许中国国内投资者在海外投资，

由于全球股票市场的多元化效应，其投资的风险/收益权衡将大大改善。如果投资者承担与中国股票市场相同的风险水平，其全球有效投资组合的年平均收益率为 0.36（人民币），大大高于其只在境内投资获得的 0.13 的收益。

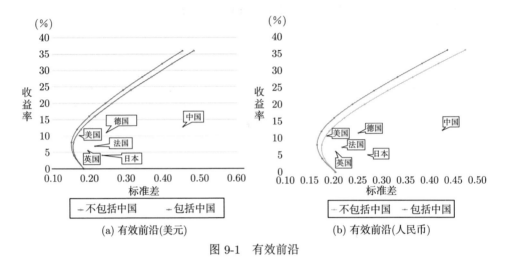

图 9-1　有效前沿

附录 1 基本序列月收益及年收益

附表 1-1

大公司股票：总收益

年份	1月	2月	3月	4月	5月	6月	7月	8月	9月	10月	11月	12月	1~12月
1993	0.1597	0.0742	-0.1188	0.0986	-0.1431	-0.0621	-0.0523	0.0536	-0.0352	-0.0479	0.0441	-0.0371	-0.1065
1994	-0.1400	0.0037	-0.1471	-0.1766	-0.0732	-0.1528	-0.2206	1.0363	0.0122	-0.2192	0.0449	-0.0615	-0.4145
1995	-0.1004	-0.0178	0.1110	-0.1094	0.1307	-0.0896	0.0547	0.0607	-0.0023	-0.0037	-0.0679	-0.0970	-0.1576
1996	-0.0355	0.0521	0.0193	0.3867	0.1164	0.2884	0.0764	0.0151	0.0673	0.2031	0.0622	-0.1691	1.5546
1997	0.0958	0.0394	0.2270	0.1934	-0.0326	0.0414	-0.0978	-0.0190	-0.1092	0.1507	-0.0498	0.0151	0.4705
1998	0.0154	-0.0419	0.0098	0.0376	-0.0077	-0.0982	-0.0149	-0.1287	0.0210	-0.0504	0.0421	-0.0771	-0.2699
1999	0.0034	-0.0401	0.0194	-0.0343	0.1715	0.4331	-0.1086	-0.0120	-0.0350	-0.0657	-0.0673	-0.0447	0.1262
2000	0.1803	0.1287	0.0089	0.0196	0.0044	0.0192	0.0323	-0.0258	-0.0533	0.0041	0.0440	-0.0223	0.3691
2001	-0.0170	-0.0578	0.0672	-0.0173	0.0000	-0.0139	-0.1375	-0.0400	-0.0200	-0.0186	0.0128	-0.0557	-0.2706
2002	-0.0776	0.0097	0.0456	0.0190	-0.0745	0.1639	-0.0446	0.0069	-0.0552	-0.0460	-0.0348	-0.0485	-0.1488
2003	0.0894	0.0020	0.0094	0.0349	0.0467	-0.0555	0.0191	-0.0329	-0.0399	-0.0105	0.0182	0.0480	0.1260
2004	0.0610	0.0434	0.0181	-0.1061	-0.0284	-0.0994	0.0077	-0.0252	0.0494	-0.0567	0.0115	-0.0566	-0.1819
2005	-0.0336	0.0821	-0.0838	0.0045	-0.0839	0.0305	0.0281	0.0401	-0.0204	-0.0479	-0.0022	0.0643	-0.0376
2006	0.0794	0.0469	0.0222	0.0923	0.1500	0.0206	-0.0753	0.0302	0.0415	0.0659	0.1973	0.1870	1.2259
2007	0.1465	0.0374	0.0890	0.2410	0.1191	-0.0212	0.1898	0.1768	0.0348	0.0461	-0.1604	0.1274	1.5258
2008	-0.1458	0.0038	-0.1885	0.0674	-0.0960	-0.2207	0.0132	-0.1394	-0.0477	-0.2607	0.1139	-0.0183	-0.6488
2009	0.1172	0.0404	0.1634	0.0408	0.0502	0.1598	0.1837	-0.2473	0.0697	0.0829	0.0664	0.0292	0.9421
2010	-0.1124	0.0162	0.0195	-0.0852	-0.0773	-0.0678	0.1142	-0.0142	0.0031	0.1262	-0.0675	-0.0071	-0.1687
2011	-0.0043	0.0296	0.0115	-0.0018	-0.0500	0.0159	-0.0245	-0.0489	-0.0645	0.0467	-0.0529	-0.0224	-0.1598
2012	0.0481	0.0461	-0.0646	0.0525	-0.0131	-0.0409	-0.0369	-0.0368	0.0280	-0.0116	-0.0323	0.1421	0.0645
2013	0.0427	-0.0187	-0.0586	-0.0247	0.0403	-0.1204	0.0064	0.0407	0.0291	-0.0089	0.0264	-0.0460	-0.1007
2014	-0.0489	0.0025	-0.0100	0.0034	0.0077	0.0173	0.0881	-0.0094	0.0410	0.0268	0.1220	0.2803	0.6070

续表

年份	1月	2月	3月	4月	5月	6月	7月	8月	9月	10月	11月	12月	1~12月
2015	-0.0251	0.0212	0.1057	0.1725	-0.0320	-0.0350	-0.1241	-0.1251	-0.0390	0.0874	0.0000	0.0351	-0.0006
2016	-0.1984	-0.0186	0.1137	-0.0211	0.0050	0.0033	0.0361	0.0375	-0.0261	0.0276	0.0601	-0.0441	-0.0572
2017	0.0381	0.0146	0.0045	-0.0006	0.0287	0.0393	0.0417	0.0241	0.0003	0.0387	-0.0015	0.0094	0.2629
2018	0.0804	-0.0649	-0.0397	-0.0263	0.0140	-0.0592	0.0229	-0.0420	0.0472	-0.0760	-0.0115	-0.0384	-0.1877
2019	0.0574	0.1181	0.0394	0.0134	-0.0598	0.0516	0.0058	-0.0109	0.0044	0.0215	-0.0157	0.0583	0.3092
2020	-0.0249	-0.0211	-0.0553	0.0527	-0.0083	0.0713	0.1280	0.0333	-0.0432	0.0232	0.0524	0.0455	0.2661
2021	0.0286	-0.0078	-0.0430	0.0186	0.0460	-0.0055	-0.0707	0.0133	0.0209	0.0083	-0.0143	0.0207	0.0094

附表 1-2　　大公司股票：收入收益

年份	1月	2月	3月	4月	5月	6月	7月	8月	9月	10月	11月	12月	1~12月
1993	0.0000	0.0000	0.0009	0.0012	0.0015	0.0000	0.0003	0.0000	0.0000	0.0000	0.0000	0.0000	0.0045
1994	0.0000	0.0000	0.0000	0.0009	0.0012	0.0047	0.0021	0.0029	0.0010	0.0000	0.0015	0.0000	0.0078
1995	0.0000	0.0000	0.0000	0.0001	0.0042	0.0038	0.0042	0.0051	0.0060	0.0000	0.0000	0.0000	0.0222
1996	0.0000	0.0000	0.0000	0.0000	0.0009	0.0033	0.0029	0.0030	0.0009	0.0001	0.0000	0.0000	0.0215
1997	0.0000	0.0000	0.0000	0.0000	0.0004	0.0015	0.0018	0.0014	0.0000	0.0000	0.0003	0.0000	0.0086
1998	0.0000	0.0000	0.0000	0.0002	0.0002	0.0021	0.0012	0.0024	0.0002	0.0000	0.0000	0.0000	0.0058
1999	0.0000	0.0000	0.0000	0.0001	0.0006	0.0031	0.0009	0.0014	0.0000	0.0030	0.0000	0.0000	0.0119
2000	0.0000	0.0000	0.0000	0.0001	0.0004	0.0011	0.0015	0.0010	0.0002	0.0002	0.0000	0.0000	0.0061
2001	0.0000	0.0000	0.0003	0.0001	0.0023	0.0026	0.0013	0.0010	0.0001	0.0002	0.0000	0.0000	0.0074
2002	0.0000	0.0000	0.0000	0.0009	0.0013	0.0046	0.0038	0.0012	0.0001	0.0000	0.0000	0.0000	0.0119
2003	0.0000	0.0000	0.0000	0.0011	0.0018	0.0037	0.0025	0.0010	0.0010	0.0000	0.0000	0.0000	0.0128
2004	0.0000	0.0000	0.0002	0.0014	0.0014	0.0062	0.0032	0.0009	0.0003	0.0004	0.0000	0.0000	0.0135
2005	0.0000	0.0000	0.0000	0.0024	0.0045	0.0095	0.0048	0.0014	0.0003	0.0002	0.0000	0.0000	0.0212
2006	0.0000	0.0000	0.0000	0.0013	0.0078	0.0100	0.0040	0.0011	0.0000	0.0000	0.0000	0.0003	0.0338
2007	0.0000	0.0000	0.0000	0.0006	0.0019	0.0033	0.0018	0.0004	0.0001	0.0000	0.0000	0.0000	0.0141
2008	0.0000	0.0000	0.0001	0.0012	0.0015	0.0042	0.0018	0.0002	0.0005	0.0001	0.0006	0.0000	0.0064

续表

年份	1月	2月	3月	4月	5月	6月	7月	8月	9月	10月	11月	12月	1~12月
2009	0.0000	0.0000	0.0000	0.0005	0.0016	0.0076	0.0021	0.0002	0.0009	0.0000	0.0000	0.0000	0.0196
2010	0.0000	0.0000	0.0001	0.0005	0.0066	0.0072	0.0036	0.0002	0.0011	0.0000	0.0000	0.0000	0.0153
2011	0.0000	0.0000	0.0001	0.0002	0.0011	0.0131	0.0017	0.0001	0.0031	0.0001	0.0001	0.0000	0.0192
2012	0.0000	0.0000	0.0000	0.0002	0.0029	0.0124	0.0040	0.0009	0.0036	0.0001	0.0000	0.0000	0.0250
2013	0.0000	0.0000	0.0000	0.0001	0.0015	0.0170	0.0088	0.0011	0.0037	0.0000	0.0001	0.0000	0.0299
2014	0.0000	0.0000	0.0000	0.0004	0.0015	0.0191	0.0160	0.0010	0.0031	0.0000	0.0001	0.0000	0.0401
2015	0.0001	0.0000	0.0000	0.0006	0.0013	0.0042	0.0108	0.0004	0.0013	0.0002	0.0000	0.0001	0.0225
2016	0.0000	0.0000	0.0001	0.0004	0.0016	0.0080	0.0144	0.0019	0.0011	0.0000	0.0000	0.0000	0.0240
2017	0.0000	0.0000	0.0000	0.0001	0.0020	0.0063	0.0133	0.0018	0.0013	0.0001	0.0001	0.0002	0.0279
2018	0.0000	0.0001	0.0000	0.0002	0.0036	0.0077	0.0121	0.0018	0.0018	0.0001	0.0001	0.0001	0.0253
2019	0.0000	0.0000	0.0000	0.0005	0.0029	0.0104	0.0097	0.0017	0.0012	0.0001	0.0003	0.0002	0.0324
2020	0.0000	0.0000	0.0000	0.0001	0.0020	0.0101	0.0106	0.0014	0.0007	0.0003	0.0003	0.0001	0.0255
2021	0.0000	0.0000	0.0000	0.0005	0.0011	0.0069	0.0078	0.0019	0.0010	0.0005	0.0001	0.0000	0.0204

附表 1-3　大公司股票：资本增值收益

年份	1月	2月	3月	4月	5月	6月	7月	8月	9月	10月	11月	12月	1~12月
1993	0.1597	0.0742	-0.1197	0.0974	-0.1446	-0.0621	-0.0526	0.0536	-0.0352	-0.0479	0.0441	-0.0371	-0.1101
1994	-0.1400	0.0037	-0.1471	-0.1775	-0.0744	-0.1575	-0.2227	1.0335	0.0112	-0.2192	0.0433	-0.0615	-0.4230
1995	-0.1004	-0.0178	0.1110	-0.1096	0.1265	-0.0934	0.0505	0.0556	-0.0083	-0.0037	-0.0679	-0.0970	-0.1766
1996	-0.0355	0.0521	0.0193	0.3867	0.1155	0.2851	0.0735	0.0121	0.0665	0.2030	0.0622	-0.1691	1.5293
1997	0.0958	0.0394	0.2270	0.1934	-0.0329	0.0399	-0.0996	-0.0203	-0.1092	0.1507	-0.0501	0.0151	0.4623
1998	0.0154	-0.0419	0.0098	0.0374	-0.0079	-0.1003	-0.0161	-0.1311	0.0210	-0.0504	0.0421	-0.0771	-0.2748
1999	0.0034	-0.0401	0.0194	-0.0344	0.1709	0.4300	-0.1096	-0.0135	-0.0351	-0.0687	-0.0673	-0.0447	0.1165
2000	0.1803	0.1287	0.0089	0.0194	0.0040	0.0181	0.0308	-0.0267	-0.0533	0.0039	0.0440	-0.0223	0.3632
2001	-0.0170	-0.0578	0.0669	-0.0174	-0.0023	-0.0164	-0.1388	-0.0410	-0.0201	-0.0188	0.0128	-0.0557	-0.2765
2002	-0.0776	0.0097	0.0456	0.0181	-0.0758	0.1593	-0.0483	0.0057	-0.0554	-0.0460	-0.0348	-0.0485	-0.1587

续表

年份	1月	2月	3月	4月	5月	6月	7月	8月	9月	10月	11月	12月	1~12月
2003	0.0894	0.0020	0.0094	0.0338	0.0449	-0.0593	0.0166	-0.0339	-0.0409	-0.0105	0.0182	0.0480	0.1134
2004	0.0610	0.0434	0.0179	-0.1075	-0.0298	-0.1056	0.0045	-0.0260	0.0491	-0.0571	0.0115	-0.0566	-0.1940
2005	-0.0336	0.0821	-0.0838	0.0020	-0.0884	0.0210	0.0234	0.0387	-0.0207	-0.0481	-0.0022	0.0643	-0.0596
2006	0.0794	0.0469	0.0222	0.0911	0.1421	0.0106	-0.0793	0.0292	0.0415	0.0659	0.1973	0.1867	1.1743
2007	0.1465	0.0374	0.0890	0.2403	0.1171	-0.0245	0.1881	0.1764	0.0347	0.0461	-0.1604	0.1274	1.5067
2008	-0.1458	0.0038	-0.1885	0.0662	-0.0975	-0.2250	0.0114	-0.1397	-0.0482	-0.2608	0.1133	-0.0183	-0.6528
2009	0.1172	0.0404	0.1634	0.0402	0.0486	0.1522	0.1816	-0.2475	0.0688	0.0829	0.0664	0.0292	0.9199
2010	-0.1124	0.0162	0.0194	-0.0857	-0.0840	-0.0750	0.1106	-0.0144	0.0020	0.1262	-0.0675	-0.0071	-0.1853
2011	-0.0043	0.0296	0.0114	-0.0020	-0.0512	0.0027	-0.0262	-0.0490	-0.0676	0.0467	-0.0530	-0.0224	-0.1763
2012	0.0481	0.0461	-0.0646	0.0523	-0.0160	-0.0534	-0.0408	-0.0377	0.0244	-0.0116	-0.0323	0.1421	0.0384
2013	0.0427	-0.0187	-0.0586	-0.0249	0.0388	-0.1374	-0.0023	0.0397	0.0255	-0.0089	0.0264	-0.0460	-0.1312
2014	-0.0489	0.0025	-0.0100	0.0030	0.0061	-0.0018	0.0720	-0.0104	0.0379	0.0268	0.1219	0.2803	0.5442
2015	-0.0252	0.0212	0.1057	0.1720	-0.0333	-0.0392	-0.1349	-0.1255	-0.0403	0.0872	0.0000	0.0350	-0.0211
2016	-0.1985	-0.0188	0.1137	-0.0215	0.0035	-0.0047	0.0217	0.0356	-0.0272	0.0276	0.0601	-0.0441	-0.0825
2017	0.0381	0.0146	0.0044	-0.0007	0.0267	0.0330	0.0284	0.0223	-0.0010	0.0387	-0.0015	0.0094	0.2328
2018	0.0804	-0.0649	-0.0397	-0.0265	0.0104	-0.0668	0.0108	-0.0438	0.0454	-0.0761	-0.0116	-0.0386	-0.2100
2019	0.0574	0.1180	0.0393	0.0130	-0.0627	0.0412	-0.0039	-0.0126	0.0032	0.0214	-0.0158	0.0582	0.2750
2020	-0.0249	-0.0211	-0.0553	0.0526	-0.0103	0.0612	0.1174	0.0319	-0.0438	0.0229	0.0521	0.0454	0.2362
2021	0.0286	-0.0078	-0.0430	0.0181	0.0449	-0.0124	-0.0785	0.0114	0.0199	0.0078	-0.0144	0.0207	-0.0111

附表 1-4

小公司股票：总收益

年份	1月	2月	3月	4月	5月	6月	7月	8月	9月	10月	11月	12月	1~12月
1993	0.4752	0.1565	-0.3461	0.6284	-0.2829	0.1200	-0.1176	0.0334	0.0188	-0.0445	0.2425	-0.1385	0.3864
1994	-0.0491	-0.0170	0.0085	-0.0880	-0.0672	-0.1934	-0.3357	1.3876	0.1943	-0.1680	0.0595	-0.0460	0.0305
1995	-0.1399	-0.0097	0.1454	-0.0851	0.2104	-0.0918	0.0582	0.0101	-0.0266	0.0199	-0.0608	-0.1166	-0.1361
1996	-0.0497	0.0264	-0.0064	0.3462	-0.1303	0.1076	0.2607	-0.0880	0.0260	0.4830	0.1620	-0.2589	0.8932

续表

年份	1月	2月	3月	4月	5月	6月	7月	8月	9月	10月	11月	12月	1~12月
1997	0.0981	0.1335	0.2392	0.0967	-0.1302	0.0030	-0.0153	-0.0037	-0.0779	0.0856	-0.0135	0.1061	0.5816
1998	0.0433	0.0387	0.0876	0.1406	0.1468	-0.0319	0.0137	-0.0526	0.1595	0.0022	-0.0321	-0.1164	0.4246
1999	-0.0227	-0.0320	0.1677	-0.0650	0.0780	0.2790	-0.0023	0.0670	-0.0227	-0.0280	-0.0087	-0.0650	0.3349
2000	0.0769	0.1576	0.1468	-0.0009	0.0578	-0.0042	0.0614	0.0122	0.0082	0.0412	0.0660	0.0204	0.8459
2001	-0.0364	-0.0899	0.1175	0.0342	0.1115	-0.0097	-0.1386	0.0018	-0.0924	-0.0599	0.0690	-0.0824	-0.1942
2002	-0.1616	0.0524	0.1057	0.0813	-0.0883	0.0843	-0.0214	0.0359	-0.0522	-0.0457	-0.0899	-0.0394	-0.1640
2003	0.1269	0.0166	-0.0419	-0.1092	0.0364	-0.0576	-0.0414	-0.0014	-0.0594	-0.1035	-0.0253	-0.0409	-0.2794
2004	0.1132	0.1481	0.0511	-0.1303	0.0027	-0.1362	-0.0826	-0.0547	0.0305	-0.0950	0.0758	-0.0752	-0.1857
2005	-0.0576	0.1165	-0.1286	-0.1278	-0.0171	-0.0054	-0.0916	0.2416	0.0681	-0.0794	0.0190	-0.0067	-0.1223
2006	0.0050	0.0652	-0.0303	-0.0450	0.3288	0.0550	0.0054	0.0277	0.0912	-0.0231	-0.0159	0.0287	0.5496
2007	0.2310	0.2235	0.2760	0.3384	0.0993	-0.2471	0.2580	0.1615	0.0198	-0.1094	-0.0487	0.1967	2.2163
2008	-0.0736	0.0941	-0.1727	-0.0769	-0.0313	-0.2312	0.1114	-0.2383	-0.1119	-0.2443	0.2173	0.1199	-0.5535
2009	0.1478	0.1139	0.2432	0.0806	0.0877	0.0992	0.1327	-0.1341	0.0385	0.1266	0.1432	0.0314	1.7788
2010	-0.0349	0.0708	0.0862	-0.0876	-0.0502	-0.0843	0.1490	0.1097	-0.0167	0.0855	0.0275	-0.0186	0.2225
2011	-0.0774	0.0787	-0.0232	-0.0513	-0.0754	0.0386	0.0272	-0.0148	-0.1179	0.0534	-0.0355	-0.1802	-0.3415
2012	-0.0531	0.1530	-0.0785	0.0382	0.0375	-0.0160	-0.1123	0.0598	0.0014	-0.0032	-0.1240	0.1737	0.0295
2013	0.0525	0.0543	-0.0425	-0.0279	0.1885	-0.1288	0.1162	0.0559	0.0928	-0.0461	0.1759	-0.0363	0.4889
2014	0.0633	0.0336	-0.0314	0.0006	0.0558	0.0809	0.0541	0.0823	0.1742	0.0054	0.0641	-0.1291	0.5171
2015	0.0982	0.0782	0.2590	0.1815	0.4064	-0.1887	-0.1939	-0.1628	-0.0068	0.2803	0.1950	0.0758	1.2172
2016	-0.2832	-0.0341	0.2370	0.0010	0.0093	0.0959	-0.0509	0.0569	-0.0028	0.0582	0.0349	-0.0637	-0.0275
2017	-0.0676	0.0668	-0.0217	-0.0839	-0.0948	0.0100	-0.0637	0.0602	0.0217	-0.0193	-0.0961	-0.0203	-0.2821
2018	-0.0386	-0.0871	0.1309	-0.0295	0.0427	-0.0898	-0.0347	-0.1038	-0.0292	-0.0720	0.0418	-0.0214	-0.2736
2019	-0.0537	0.2153	0.0962	-0.0520	-0.0117	0.0089	-0.0023	0.0009	0.0338	-0.0051	-0.0389	0.0887	0.2806
2020	0.0093	-0.0146	-0.0257	0.0056	0.0435	0.0953	0.1233	0.0463	-0.0575	0.0313	-0.0143	-0.0631	0.1750
2021	-0.0846	0.0300	0.0410	-0.0074	0.0780	0.0694	-0.0087	0.0726	-0.0523	-0.0174	0.1386	0.0115	0.2807

附表 1-5　小公司股票：收入收益

年份	1月	2月	3月	4月	5月	6月	7月	8月	9月	10月	11月	12月	1~12月
1993	0.0000	0.0000	0.0000	0.0000	0.0000	0.0000	0.0000	0.0000	0.0000	0.0000	0.0000	0.0000	0.0000
1994	0.0002	0.0000	0.0000	0.0013	0.0030	0.0017	0.0000	0.0000	0.0000	0.0000	0.0000	0.0000	0.0054
1995	0.0001	0.0000	0.0000	0.0000	0.0046	0.0029	0.0014	0.0017	0.0019	0.0009	0.0005	0.0000	0.0140
1996	0.0000	0.0000	0.0000	0.0000	0.0000	0.0013	0.0058	0.0017	0.0010	0.0000	0.0000	0.0000	0.0128
1997	0.0000	0.0000	0.0000	0.0000	0.0000	0.0012	0.0021	0.0004	0.0001	0.0000	0.0000	0.0000	0.0056
1998	0.0000	0.0001	0.0000	0.0000	0.0000	0.0004	0.0002	0.0008	0.0000	0.0000	0.0000	0.0000	0.0021
1999	0.0000	0.0000	0.0000	0.0000	0.0008	0.0005	0.0008	0.0003	0.0000	0.0000	0.0000	0.0000	0.0026
2000	0.0000	0.0000	0.0000	0.0001	0.0000	0.0006	0.0002	0.0004	0.0000	0.0000	0.0000	0.0000	0.0021
2001	0.0000	0.0000	0.0000	0.0001	0.0005	0.0003	0.0004	0.0004	0.0000	0.0000	0.0002	0.0000	0.0019
2002	0.0000	0.0000	0.0000	0.0002	0.0003	0.0003	0.0010	0.0002	0.0000	0.0000	0.0000	0.0000	0.0021
2003	0.0000	0.0000	0.0000	0.0007	0.0001	0.0007	0.0010	0.0002	0.0001	0.0004	0.0000	0.0000	0.0024
2004	0.0000	0.0000	0.0000	0.0005	0.0004	0.0005	0.0012	0.0000	0.0000	0.0002	0.0000	0.0000	0.0025
2005	0.0000	0.0000	0.0003	0.0007	0.0003	0.0024	0.0005	0.0000	0.0001	0.0000	0.0002	0.0000	0.0028
2006	0.0000	0.0000	0.0001	0.0006	0.0000	0.0011	0.0001	0.0000	0.0001	0.0000	0.0000	0.0000	0.0016
2007	0.0000	0.0000	0.0001	0.0002	0.0003	0.0002	0.0002	0.0001	0.0001	0.0000	0.0002	0.0000	0.0025
2008	0.0000	0.0000	0.0002	0.0007	0.0015	0.0008	0.0006	0.0003	0.0001	0.0000	0.0000	0.0000	0.0030
2009	0.0000	0.0000	0.0000	0.0005	0.0016	0.0011	0.0004	0.0001	0.0001	0.0004	0.0000	0.0000	0.0070
2010	0.0000	0.0000	0.0003	0.0007	0.0012	0.0009	0.0006	0.0001	0.0001	0.0000	0.0000	0.0000	0.0039
2011	0.0000	0.0000	0.0001	0.0006	0.0025	0.0017	0.0004	0.0000	0.0001	0.0000	0.0002	0.0000	0.0050
2012	0.0000	0.0000	0.0001	0.0018	0.0040	0.0028	0.0010	0.0000	0.0001	0.0000	0.0000	0.0001	0.0106
2013	0.0000	0.0000	0.0002	0.0013	0.0050	0.0024	0.0013	0.0001	0.0001	0.0000	0.0000	0.0000	0.0112
2014	0.0000	0.0000	0.0000	0.0008	0.0019	0.0025	0.0008	0.0003	0.0002	0.0000	0.0000	0.0000	0.0073
2015	0.0000	0.0000	0.0001	0.0004	0.0014	0.0005	0.0004	0.0001	0.0001	0.0000	0.0000	0.0000	0.0054
2016	0.0000	0.0000	0.0001	0.0003	0.0018	0.0013	0.0004	0.0000	0.0001	0.0000	0.0000	0.0000	0.0035
2017	0.0000	0.0000	0.0000	0.0005	0.0019	0.0024	0.0005	0.0002	0.0000	0.0000	0.0000	0.0000	0.0048
2018	0.0001	0.0000	0.0000	0.0004	0.0027	0.0027	0.0009	0.0001	0.0000	0.0001	0.0001	0.0000	0.0068

续表

年份	1月	2月	3月	4月	5月	6月	7月	8月	9月	10月	11月	12月	1~12月
2019	0.0000	0.0000	0.0000	0.0005	0.0033	0.0028	0.0012	0.0001	0.0000	0.0000	0.0000	0.0000	0.0094
2020	0.0000	0.0000	0.0000	0.0005	0.0024	0.0038	0.0014	0.0001	0.0003	0.0001	0.0000	0.0000	0.0089
2021	0.0000	0.0000	0.0000	0.0006	0.0026	0.0030	0.0009	0.0001	0.0000	0.0001	0.0000	0.0000	0.0075

附表 1-6　小公司股票：资本增值收益

年份	1月	2月	3月	4月	5月	6月	7月	8月	9月	10月	11月	12月	1~12月
1993	0.4752	0.1565	-0.3461	0.6284	-0.2829	0.1200	-0.1176	0.0334	0.0188	-0.0445	0.2425	-0.1385	0.3864
1994	-0.0493	-0.0170	0.0085	-0.0894	-0.0702	-0.1950	-0.3357	1.3876	0.1943	-0.1680	0.0595	-0.0460	0.0232
1995	-0.1400	-0.0097	0.1454	-0.0851	0.2058	-0.0947	0.0568	0.0083	-0.0284	0.0190	-0.0613	-0.1166	-0.1477
1996	-0.0497	0.0264	-0.0064	0.3462	-0.1303	0.1063	0.2549	-0.0897	0.0250	0.4830	0.1620	-0.2589	0.8772
1997	0.0981	0.1335	0.2392	0.0967	-0.1302	0.0019	-0.0174	-0.0040	-0.0781	0.0856	-0.0135	0.1061	0.5756
1998	0.0433	0.0386	0.0876	0.1406	0.1468	-0.0322	0.0135	-0.0534	0.1595	0.0022	-0.0321	-0.1164	0.4225
1999	-0.0227	-0.0320	0.1677	-0.0650	0.0772	0.2785	-0.0031	0.0670	-0.0227	-0.0280	-0.0087	-0.0650	0.3322
2000	0.0769	0.1576	0.1468	-0.0011	0.0578	-0.0048	0.0612	0.0118	0.0082	0.0412	0.0660	0.0204	0.8435
2001	-0.0364	-0.0899	0.1175	0.0341	0.1109	-0.0100	-0.1390	0.0014	-0.0924	-0.0599	0.0688	-0.0824	-0.1957
2002	-0.1616	0.0524	0.1057	0.0812	-0.0886	0.0840	-0.0224	0.0357	-0.0522	-0.0457	-0.0899	-0.0394	-0.1656
2003	0.1269	0.0166	-0.0419	-0.1092	0.0363	-0.0584	-0.0424	-0.0015	-0.0594	-0.1039	-0.0253	-0.0409	-0.2813
2004	0.1132	0.1481	0.0511	-0.1304	0.0024	-0.1367	-0.0838	-0.0547	0.0305	-0.0952	0.0758	-0.0752	-0.1878
2005	-0.0576	0.1165	-0.1286	-0.1280	-0.0174	-0.0078	-0.0921	0.2416	0.0681	-0.0794	0.0188	-0.0067	-0.1255
2006	0.0050	0.0652	-0.0303	-0.0450	0.3288	0.0539	0.0053	0.0277	0.0912	-0.0231	-0.0159	0.0287	0.5478
2007	0.2310	0.2235	0.2760	0.3383	0.0990	-0.2473	0.2578	0.1614	0.0198	-0.1094	-0.0487	0.1967	2.2131
2008	-0.0736	0.0941	-0.1727	-0.0776	-0.0328	-0.2320	0.1108	-0.2386	-0.1121	-0.2443	0.2173	0.1199	-0.5555
2009	0.1478	0.1139	0.2430	0.0800	0.0861	0.0980	0.1323	-0.1342	0.0385	0.1266	0.1432	0.0314	1.7688
2010	-0.0349	0.0708	0.0859	-0.0883	-0.0515	-0.0852	0.1483	0.1096	-0.0167	0.0855	0.0275	-0.0186	0.2177
2011	-0.0774	0.0787	-0.0233	-0.0519	-0.0779	0.0369	0.0268	-0.0148	-0.1181	0.0534	-0.0355	-0.1802	-0.3453
2012	-0.0531	0.1530	-0.0786	0.0364	0.0334	-0.0189	-0.1133	0.0598	0.0013	-0.0033	-0.1241	0.1737	0.0192

续表

年份	1 月	2 月	3 月	4 月	5 月	6 月	7 月	8 月	9 月	10 月	11 月	12 月	1~12 月
2013	0.0525	0.0543	−0.0427	−0.0292	0.1835	−0.1313	0.1149	0.0559	0.0928	−0.0461	0.1759	−0.0363	0.4744
2014	0.0633	0.0336	−0.0314	−0.0003	0.0539	0.0784	0.0533	0.0821	0.1740	0.0053	0.0641	−0.1292	0.5078
2015	0.0982	0.0782	0.2589	0.1811	0.4051	−0.1892	−0.1943	−0.1629	−0.0069	0.2803	0.1950	0.0758	1.2113
2016	−0.2832	−0.0341	0.2369	0.0007	0.0075	0.0946	−0.0513	0.0569	−0.0029	0.0582	0.0349	−0.0637	−0.0313
2017	−0.0676	0.0668	−0.0218	−0.0844	−0.0967	0.0076	−0.0642	0.0600	0.0217	−0.0193	−0.0961	−0.0203	−0.2863
2018	−0.0387	−0.0871	0.1309	−0.0299	0.0400	−0.0926	−0.0356	−0.1038	−0.0292	−0.0721	0.0417	−0.0214	−0.2788
2019	−0.0537	0.2153	0.0962	−0.0525	−0.0150	0.0061	−0.0035	0.0007	0.0337	−0.0051	−0.0389	0.0887	0.2705
2020	0.0093	−0.0146	−0.0258	0.0051	0.0412	0.0915	0.1219	0.0463	−0.0578	0.0312	−0.0143	−0.0632	0.1656
2021	−0.0846	0.0300	0.0410	−0.0080	0.0754	0.0664	−0.0096	0.0726	−0.0523	−0.0175	0.1386	0.0115	0.2718

附表 1-7　长期信用债：总收益

年份	1 月	2 月	3 月	4 月	5 月	6 月	7 月	8 月	9 月	10 月	11 月	12 月	1~12 月
2000	0.0023	−0.0113	0.0000	0.0057	0.0118	−0.0057	0.0016	0.0012	0.0082	0.0007	−0.0068	0.0107	0.0183
2001	0.0032	0.0252	0.0211	−0.0025	0.0044	0.0321	−0.0014	0.0116	0.0221	0.0092	−0.0002	−0.0025	0.1283
2002	0.0110	0.0092	0.0056	0.0173	0.0191	−0.0080	0.0010	0.0014	0.0003	−0.0059	0.0044	0.0011	0.0576
2003	0.0185	0.0099	0.0140	−0.0072	0.0170	0.0013	0.0057	−0.0065	−0.0259	−0.0276	0.0085	0.0068	0.0134
2004	−0.0016	−0.0007	−0.0041	−0.0339	0.0228	0.0098	0.0042	−0.0022	−0.0021	0.0125	−0.0021	0.0068	0.0085
2005	0.0134	0.0172	0.0267	0.0270	0.0223	0.0339	0.0246	0.0180	0.0155	0.0027	0.0087	0.0089	0.2418
2006	0.0228	0.0042	−0.0005	−0.0146	−0.0010	−0.0071	−0.0016	0.0043	0.0100	0.0056	0.0008	−0.0096	0.0129
2007	0.0072	−0.0014	0.0007	−0.0038	−0.0152	−0.0130	−0.0067	−0.0168	−0.0031	−0.0043	−0.0038	−0.0009	−0.0595
2008	0.0067	0.0114	0.0268	−0.0072	0.0010	0.0020	0.0007	0.0057	0.0317	0.0271	0.0069	0.0011	0.1192
2009	0.0110	0.0087	0.0036	−0.0015	0.0012	0.0006	0.0003	−0.0036	−0.0017	0.0012	0.0016	0.0000	0.0215
2010	0.0066	0.0087	0.0071	0.0051	0.0098	0.0013	0.0096	0.0060	−0.0003	−0.0066	−0.0145	0.0039	0.0369
2011	0.0013	−0.0029	0.0048	0.0056	0.0036	0.0002	−0.0023	−0.0048	−0.0033	0.0139	0.0148	0.0092	0.0408
2012	0.0131	0.0041	0.0014	0.0031	0.0174	0.0059	0.0065	−0.0033	−0.0002	0.0037	0.0017	0.0013	0.0561
2013	0.0064	0.0076	0.0030	0.0071	0.0091	−0.0049	0.0013	−0.0017	0.0022	−0.0027	−0.0101	0.0004	0.0176

续表

年份	1月	2月	3月	4月	5月	6月	7月	8月	9月	10月	11月	12月	1~12月
2014	0.0073	0.0171	0.0012	0.0089	0.0139	0.0092	0.0029	0.0070	0.0096	0.0128	0.0135	-0.0099	0.0976
2015	0.0137	0.0084	-0.0028	0.0105	0.0116	0.0003	0.0120	0.0055	0.0077	0.0121	-0.0007	0.0136	0.0957
2016	0.0072	0.0057	0.0038	-0.0087	0.0053	0.0044	0.0092	0.0081	0.0024	0.0068	-0.0044	-0.0196	0.0200
2017	0.0063	-0.0025	0.0022	-0.0047	-0.0043	0.0136	0.0000	0.0020	0.0043	-0.0001	-0.0027	0.0010	0.0151
2018	0.0044	0.0053	0.0100	0.0143	-0.0002	0.0010	0.0144	0.0052	0.0021	0.0082	0.0083	0.0048	0.0807
2019	0.0109	0.0045	0.0005	-0.0039	0.0093	0.0040	0.0063	0.0081	0.0022	-0.0005	0.0056	0.0044	0.0526
2020	0.0048	0.0133	0.0050	0.0159	-0.0051	-0.0113	-0.0045	0.0013	0.0009	0.0039	-0.0042	0.0076	0.0275
2021	0.0048	-0.0014	0.0055	0.0066	0.0064	0.0014	0.0119	0.0031	0.0004	-0.0006	0.0067	0.0042	0.0500

附表 1-8　　　长期信用债：收入收益

年份	1月	2月	3月	4月	5月	6月	7月	8月	9月	10月	11月	12月	1~12月
2000	0.0041	0.0051	0.0050	0.0045	0.0053	0.0048	0.0050	0.0050	0.0046	0.0051	0.0048	0.0046	0.0582
2001	0.0035	0.0064	0.0047	0.0047	0.0047	0.0047	0.0048	0.0047	0.0042	0.0048	0.0037	0.0038	0.0582
2002	0.0040	0.0034	0.0035	0.0036	0.0032	0.0033	0.0029	0.0036	0.0034	0.0042	0.0036	0.0040	0.0449
2003	0.0029	0.0036	0.0037	0.0033	0.0035	0.0035	0.0035	0.0033	0.0033	0.0038	0.0035	0.0041	0.0434
2004	0.0037	0.0035	0.0040	0.0034	0.0042	0.0042	0.0044	0.0038	0.0043	0.0039	0.0044	0.0044	0.0478
2005	0.0043	0.0038	0.0042	0.0038	0.0041	0.0038	0.0038	0.0035	0.0037	0.0036	0.0037	0.0039	0.0517
2006	0.0029	0.0039	0.0034	0.0031	0.0037	0.0034	0.0035	0.0039	0.0035	0.0037	0.0034	0.0032	0.0430
2007	0.0038	0.0032	0.0035	0.0035	0.0037	0.0034	0.0039	0.0039	0.0034	0.0042	0.0038	0.0037	0.0431
2008	0.0045	0.0039	0.0041	0.0040	0.0041	0.0039	0.0042	0.0039	0.0042	0.0046	0.0036	0.0040	0.0509
2009	0.0028	0.0040	0.0035	0.0032	0.0029	0.0033	0.0031	0.0029	0.0030	0.0031	0.0031	0.0030	0.0389
2010	0.0032	0.0030	0.0034	0.0033	0.0033	0.0034	0.0033	0.0037	0.0033	0.0035	0.0034	0.0035	0.0416
2011	0.0032	0.0035	0.0036	0.0033	0.0038	0.0036	0.0034	0.0042	0.0038	0.0041	0.0040	0.0040	0.0451
2012	0.0038	0.0041	0.0041	0.0038	0.0044	0.0037	0.0041	0.0040	0.0037	0.0040	0.0039	0.0040	0.0493
2013	0.0043	0.0036	0.0038	0.0035	0.0041	0.0037	0.0036	0.0040	0.0036	0.0041	0.0037	0.0039	0.0472
2014	0.0041	0.0040	0.0037	0.0042	0.0042	0.0039	0.0043	0.0039	0.0044	0.0044	0.0036	0.0040	0.0514

续表

年份	1月	2月	3月	4月	5月	6月	7月	8月	9月	10月	11月	12月	1~12月
2015	0.0040	0.0030	0.0044	0.0039	0.0034	0.0039	0.0039	0.0037	0.0039	0.0039	0.0035	0.0035	0.0472
2016	0.0035	0.0036	0.0033	0.0035	0.0032	0.0032	0.0030	0.0032	0.0031	0.0032	0.0029	0.0034	0.0404
2017	0.0027	0.0037	0.0033	0.0033	0.0032	0.0037	0.0032	0.0037	0.0036	0.0037	0.0033	0.0035	0.0413
2018	0.0039	0.0028	0.0035	0.0030	0.0036	0.0032	0.0035	0.0034	0.0030	0.0039	0.0033	0.0029	0.0416
2019	0.0036	0.0031	0.0028	0.0033	0.0034	0.0030	0.0030	0.0031	0.0026	0.0037	0.0027	0.0030	0.0383
2020	0.0021	0.0038	0.0027	0.0027	0.0026	0.0023	0.0030	0.0027	0.0025	0.0026	0.0026	0.0027	0.0332
2021	0.0027	0.0022	0.0024	0.0027	0.0027	0.0025	0.0026	0.0022	0.0023	0.0027	0.0025	0.0026	0.0309

附表 1-9　长期信用债：资本增值收益

年份	1月	2月	3月	4月	5月	6月	7月	8月	9月	10月	11月	12月	1~12月
2000	−0.0018	−0.0165	−0.0050	0.0012	0.0065	−0.0105	−0.0034	−0.0037	0.0036	−0.0043	−0.0116	0.0061	−0.0391
2001	−0.0003	0.0188	0.0164	−0.0072	−0.0004	0.0274	−0.0062	0.0069	0.0180	0.0044	−0.0038	−0.0063	0.0690
2002	0.0070	0.0057	0.0020	0.0138	0.0160	−0.0113	−0.0019	−0.0022	−0.0031	−0.0100	0.0008	−0.0029	0.0135
2003	0.0156	0.0064	0.0104	−0.0105	0.0135	−0.0022	0.0022	−0.0098	−0.0292	−0.0314	0.0050	0.0026	−0.0283
2004	−0.0053	−0.0042	−0.0081	−0.0374	0.0186	0.0056	−0.0056	−0.0001	−0.0064	0.0086	−0.0065	0.0024	−0.0386
2005	0.0091	0.0134	0.0224	0.0231	0.0182	0.0302	0.0174	0.0160	0.0119	−0.0009	0.0051	0.0031	0.1823
2006	0.0217	0.0003	−0.0039	−0.0178	−0.0047	−0.0105	−0.0062	0.0005	0.0065	0.0019	−0.0026	−0.0128	−0.0279
2007	0.0034	−0.0047	−0.0029	−0.0072	−0.0189	−0.0164	−0.0120	−0.0207	−0.0064	−0.0084	−0.0077	−0.0061	−0.1033
2008	0.0036	0.0076	0.0228	−0.0112	−0.0032	−0.0028	−0.0031	0.0019	0.0276	0.0226	0.0033	−0.0030	0.0672
2009	0.0080	0.0046	0.0001	−0.0046	−0.0018	−0.0027	−0.0028	−0.0065	−0.0047	−0.0018	−0.0016	−0.0030	−0.0167
2010	0.0034	0.0056	0.0037	0.0019	0.0065	−0.0021	0.0064	0.0023	−0.0036	−0.0101	−0.0180	0.0003	−0.0039
2011	−0.0019	−0.0064	0.0012	0.0023	−0.0002	−0.0034	−0.0057	−0.0090	−0.0072	0.0099	0.0108	0.0053	−0.0046
2012	0.0093	0.0000	−0.0026	−0.0007	0.0130	0.0022	0.0024	−0.0073	−0.0040	−0.0003	−0.0022	−0.0026	0.0071
2013	0.0021	0.0040	−0.0008	0.0037	0.0049	−0.0086	−0.0024	−0.0057	−0.0015	−0.0069	−0.0139	−0.0034	−0.0282
2014	0.0032	0.0131	−0.0025	0.0047	0.0097	0.0053	−0.0013	0.0031	0.0052	0.0084	0.0099	−0.0139	0.0455
2015	0.0098	0.0054	−0.0072	0.0065	0.0082	−0.0035	0.0082	0.0018	0.0038	0.0082	−0.0043	0.0100	0.0478

续表

年份	1月	2月	3月	4月	5月	6月	7月	8月	9月	10月	11月	12月	1~12月
2016	0.0037	0.0021	0.0005	−0.0122	0.0021	0.0012	0.0061	0.0049	−0.0008	0.0037	−0.0073	−0.0230	−0.0192
2017	0.0035	−0.0062	−0.0011	−0.0080	−0.0075	0.0098	−0.0032	−0.0017	0.0008	−0.0038	−0.0060	−0.0025	−0.0257
2018	0.0005	0.0025	0.0065	0.0113	−0.0038	−0.0021	0.0109	0.0018	−0.0009	0.0043	0.0050	0.0019	0.0384
2019	0.0073	0.0015	−0.0024	−0.0072	0.0059	0.0010	0.0033	0.0050	−0.0004	−0.0042	0.0030	0.0014	0.0143
2020	0.0027	0.0095	0.0022	0.0132	−0.0077	−0.0137	−0.0075	−0.0014	−0.0016	0.0013	−0.0068	0.0048	−0.0052
2021	0.0021	−0.0036	0.0032	0.0040	0.0037	−0.0012	0.0093	0.0009	−0.0019	−0.0033	0.0041	0.0017	0.0191

附表 1-10　长期信用债：收益率

年份	1月	2月	3月	4月	5月	6月	7月	8月	9月	10月	11月	12月	1~12月
2000	0.0501	0.0551	0.0559	0.0556	0.0543	0.0563	0.0569	0.0575	0.0568	0.0576	0.0600	0.0587	0.0587
2001	0.0588	0.0545	0.0510	0.0525	0.0525	0.0461	0.0473	0.0456	0.0413	0.0399	0.037	0.0383	0.0383
2002	0.0365	0.0350	0.0342	0.0305	0.0316	0.0348	0.0326	0.0353	0.0358	0.0373	0.0372	0.0379	0.0379
2003	0.0359	0.0391	0.0378	0.0383	0.0371	0.0373	0.0371	0.0376	0.0418	0.0467	0.0458	0.0457	0.0457
2004	0.0465	0.0468	0.0480	0.0572	0.0566	0.0562	0.0570	0.0574	0.0581	0.0573	0.0583	0.0579	0.0579
2005	0.0568	0.0556	0.0530	0.0503	0.0483	0.0443	0.0418	0.0406	0.0392	0.0397	0.0399	0.0392	0.0392
2006	0.0362	0.0369	0.0369	0.0393	0.0399	0.0413	0.0426	0.0419	0.0415	0.0413	0.0412	0.0428	0.0428
2007	0.0424	0.0432	0.0431	0.0439	0.0466	0.0485	0.0499	0.0544	0.0551	0.0573	0.0585	0.0596	0.0596
2008	0.0590	0.0568	0.0533	0.0550	0.0545	0.0546	0.0550	0.0547	0.0492	0.0439	0.0425	0.0444	0.0444
2009	0.0396	0.0349	0.0355	0.0372	0.0371	0.0378	0.0375	0.0387	0.0399	0.0410	0.0426	0.0436	0.0436
2010	0.0431	0.0412	0.0398	0.0405	0.0396	0.0405	0.0386	0.0381	0.0392	0.0416	0.0466	0.0471	0.0471
2011	0.0477	0.0487	0.0488	0.0483	0.0491	0.0504	0.0532	0.0564	0.0586	0.0564	0.0533	0.0517	0.0517
2012	0.0502	0.0500	0.0506	0.0508	0.0472	0.0464	0.0455	0.0476	0.0485	0.0489	0.0506	0.0513	0.0513
2013	0.0505	0.0494	0.0492	0.0485	0.0473	0.0496	0.0506	0.0520	0.0526	0.0549	0.0606	0.0619	0.0619
2014	0.0626	0.0590	0.0598	0.0590	0.0572	0.0556	0.0566	0.0559	0.0545	0.0521	0.0485	0.0526	0.0526
2015	0.0503	0.0475	0.0483	0.0482	0.0448	0.0465	0.0448	0.0438	0.0426	0.0411	0.0416	0.0394	0.0394
2016	0.0373	0.0365	0.0354	0.0407	0.0389	0.0387	0.0369	0.0352	0.0350	0.0342	0.0365	0.0434	0.0434

续表

年份	1月	2月	3月	4月	5月	6月	7月	8月	9月	10月	11月	12月	1~12月
2017	0.0419	0.0445	0.0448	0.0513	0.0514	0.0480	0.0527	0.0554	0.0545	0.0532	0.0549	0.0567	0.0567
2018	0.0574	0.0553	0.0540	0.0489	0.0516	0.0521	0.0483	0.0456	0.0459	0.0452	0.0435	0.0421	0.0421
2019	0.0413	0.0379	0.0386	0.0411	0.0393	0.0394	0.0377	0.0364	0.0362	0.0379	0.0371	0.0365	0.0365
2020	0.0349	0.0330	0.0315	0.0267	0.0286	0.0329	0.0358	0.0370	0.0374	0.0368	0.0422	0.0399	0.0399
2021	0.0379	0.0407	0.0423	0.0396	0.0348	0.0361	0.0325	0.0323	0.0340	0.0355	0.0337	0.0322	0.0322

附表 1-11　长期国债:总收益

年份	1月	2月	3月	4月	5月	6月	7月	8月	9月	10月	11月	12月	1~12月
1997	-0.0085	0.0030	-0.0056	0.0379	0.0038	-0.0029	0.0335	0.0164	0.0100	0.0555	0.0400	0.0809	0.2934
1998	0.0085	0.0363	-0.0209	0.0205	0.0258	0.0428	0.0601	-0.0017	-0.0057	-0.0136	-0.0007	0.0345	0.1984
1999	0.0200	0.0028	0.0305	0.0241	0.0001	0.0179	0.0208	0.0158	-0.0254	-0.0117	0.0167	0.0058	0.1223
2000	0.0030	0.0007	0.0055	0.0063	0.0053	0.0017	0.0084	0.0082	0.0030	0.0065	-0.0010	-0.0061	0.0423
2001	0.0084	-0.0036	0.0167	-0.0014	-0.0012	0.0019	0.0051	0.0074	0.0184	0.0009	0.0105	-0.0001	0.0646
2002	0.0080	0.0010	0.0098	0.0249	0.0130	-0.0083	-0.0019	0.0041	-0.0049	-0.0209	0.0033	0.0103	0.0383
2003	0.0080	-0.0031	0.0069	0.0021	0.0032	-0.0095	-0.0017	-0.0062	-0.0431	-0.0232	0.0002	0.0505	-0.0184
2004	-0.0114	0.0001	-0.0144	-0.0690	0.0158	0.0073	0.0062	0.0051	0.0127	-0.0103	-0.0049	-0.0012	-0.0648
2005	0.0314	0.0236	0.0109	0.0226	0.0213	0.0237	0.0232	-0.0051	0.0166	-0.0069	-0.0106	0.0295	0.1945
2006	0.0188	0.0058	0.0028	-0.0149	0.0188	-0.0097	0.0065	0.0025	0.0042	0.0108	-0.0023	-0.0084	0.0348
2007	0.0113	-0.0051	0.0030	-0.0161	-0.0210	-0.0241	0.0089	-0.0095	-0.0299	-0.0032	0.0082	0.0252	-0.0527
2008	0.0326	0.0126	0.0096	-0.0119	-0.0028	-0.0042	-0.0144	0.0276	0.0564	0.0537	0.0087	0.0296	0.2127
2009	-0.0335	-0.0014	-0.0077	-0.0036	0.0155	-0.0087	-0.0229	0.0176	-0.0040	-0.0050	0.0078	0.0043	-0.0421
2010	0.0044	0.0183	0.0113	0.0056	0.0122	0.0031	0.0065	0.0061	-0.0010	-0.0031	-0.0213	-0.0087	0.0331
2011	0.0034	0.0007	0.0101	0.0052	0.0045	-0.0055	-0.0054	0.0091	0.0138	0.0067	0.0138	0.0112	0.0694
2012	0.0202	-0.0070	0.0020	0.0036	0.0176	0.0050	0.0052	-0.0219	0.0125	0.0006	-0.0037	0.0052	0.0394
2013	0.0013	0.0042	0.0051	0.0120	0.0045	-0.0014	-0.0163	-0.0055	-0.0022	0.0009	-0.0281	0.0022	-0.0237
2014	0.0362	0.0131	-0.0020	0.0090	0.0203	0.0099	-0.0108	0.0074	0.0204	0.0204	0.0190	-0.0035	0.1477

续表

年份	1月	2月	3月	4月	5月	6月	7月	8月	9月	10月	11月	12月	1~12月
2015	0.0304	0.0075	-0.0206	0.0280	-0.0193	0.0021	0.0121	0.0155	0.0113	0.0149	0.0034	0.0074	0.0951
2016	0.0008	-0.0031	0.0072	-0.0019	-0.0033	0.0055	0.0072	-0.0041	0.0124	0.0069	-0.0105	-0.0122	0.0048
2017	-0.0232	0.0056	0.0061	-0.0100	-0.0104	0.0404	-0.0094	0.0024	0.0079	-0.0496	-0.0089	0.0095	-0.0414
2018	0.0016	0.0092	0.0093	0.0089	0.0064	0.0138	-0.0005	-0.0027	-0.0009	0.0130	0.0150	0.0147	0.0910
2019	0.0139	-0.0023	0.0097	-0.0220	0.0097	0.0060	0.0089	0.0097	-0.0025	-0.0109	0.0135	0.0066	0.0404
2020	0.0147	0.0167	0.0199	0.0097	-0.0121	-0.0121	-0.0123	-0.0034	-0.0017	0.0014	-0.0025	0.0080	0.0259
2021	0.0030	-0.0038	0.0079	0.0053	0.0097	0.0001	0.0210	0.0023	-0.0014	-0.0040	0.0143	0.0040	0.0597

附表 1-12

长期国债：收入收益

年份	1月	2月	3月	4月	5月	6月	7月	8月	9月	10月	11月	12月	1~12月
1997	0.0085	0.0078	0.0086	0.0084	0.0081	0.0069	0.0101	0.0083	0.0091	0.0087	0.0074	0.0084	0.1061
1998	0.0050	0.0076	0.0067	0.0064	0.0060	0.0065	0.0060	0.0057	0.0056	0.0060	0.0062	0.0063	0.0832
1999	0.0057	0.0021	0.0095	0.0055	0.0056	0.0054	0.0053	0.0056	0.0040	0.0054	0.0061	0.0056	0.0712
2000	0.0026	0.0028	0.0028	0.0025	0.0030	0.0027	0.0028	0.0027	0.0026	0.0029	0.0027	0.0026	0.0339
2001	0.0019	0.0036	0.0027	0.0027	0.0027	0.0026	0.0028	0.0027	0.0026	0.0029	0.0027	0.0027	0.0337
2002	0.0026	0.0023	0.0024	0.0026	0.0025	0.0022	0.0026	0.0024	0.0022	0.0027	0.0024	0.0027	0.0305
2003	0.0020	0.0021	0.0021	0.0021	0.0021	0.0022	0.0022	0.0020	0.0023	0.0023	0.0021	0.0025	0.0258
2004	0.0026	0.0024	0.0028	0.0027	0.0030	0.0028	0.0028	0.0030	0.0033	0.0027	0.0030	0.0030	0.0323
2005	0.0030	0.0026	0.0028	0.0026	0.0028	0.0026	0.0024	0.0027	0.0028	0.0026	0.0025	0.0025	0.0352
2006	0.0028	0.0035	0.0033	0.0030	0.0036	0.0032	0.0030	0.0039	0.0032	0.0035	0.0032	0.0031	0.0411
2007	0.0025	0.0021	0.0025	0.0024	0.0024	0.0023	0.0026	0.0025	0.0022	0.0028	0.0026	0.0024	0.0285
2008	0.0028	0.0023	0.0028	0.0024	0.0024	0.0025	0.0025	0.0024	0.0022	0.0027	0.0021	0.0024	0.0312
2009	0.0016	0.0026	0.0024	0.0023	0.0020	0.0025	0.0023	0.0024	0.0022	0.0023	0.0024	0.0024	0.0268
2010	0.0030	0.0028	0.0033	0.0030	0.0033	0.0030	0.0029	0.0030	0.0029	0.0029	0.0034	0.0031	0.0380
2011	0.0032	0.0029	0.0032	0.0029	0.0034	0.0031	0.0030	0.0034	0.0031	0.0031	0.0029	0.0029	0.0377
2012	0.0030	0.0028	0.0027	0.0029	0.0034	0.0028	0.0030	0.0029	0.0028	0.0030	0.0027	0.0027	0.0359

续表

年份	1月	2月	3月	4月	5月	6月	7月	8月	9月	10月	11月	12月	1~12月
2013	0.0033	0.0025	0.0030	0.0027	0.0032	0.0026	0.0019	0.0027	0.0043	0.0031	0.0031	0.0029	0.0358
2014	0.0036	0.0034	0.0036	0.0035	0.0034	0.0035	0.0034	0.0033	0.0035	0.0035	0.0030	0.0033	0.0439
2015	0.0030	0.0032	0.0031	0.0030	0.0029	0.0031	0.0032	0.0031	0.0030	0.0029	0.0030	0.0029	0.0383
2016	0.0023	0.0024	0.0025	0.0023	0.0027	0.0024	0.0022	0.0028	0.0017	0.0028	0.0027	0.0025	0.0299
2017	0.0021	0.0026	0.0024	0.0022	0.0024	0.0024	0.0023	0.0024	0.0023	0.0023	0.0021	0.0026	0.0277
2018	0.0035	0.0029	0.0031	0.0030	0.0034	0.0030	0.0027	0.0035	0.0029	0.0033	0.0033	0.0030	0.0389
2019	0.0030	0.0025	0.0026	0.0028	0.0028	0.0025	0.0029	0.0026	0.0027	0.0027	0.0026	0.0028	0.0332
2020	0.0020	0.0030	0.0027	0.0024	0.0023	0.0026	0.0026	0.0026	0.0025	0.0025	0.0027	0.0027	0.0316
2021	0.0026	0.0025	0.0029	0.0027	0.0028	0.0026	0.0026	0.0027	0.0026	0.0025	0.0029	0.0027	0.0329

附表 1-13　　长期国债：资本增值收益

年份	1月	2月	3月	4月	5月	6月	7月	8月	9月	10月	11月	12月	1~12月
1997	−0.0170	−0.0048	−0.0142	0.0296	−0.0042	−0.0098	0.0234	0.0081	0.0010	0.0468	0.0326	0.0725	0.1720
1998	0.0034	0.0287	−0.0276	0.0141	0.0198	0.0363	0.0541	−0.0074	−0.0113	−0.0196	−0.0069	0.0282	0.1140
1999	0.0144	0.0007	0.0210	0.0185	−0.0055	0.0125	0.0155	0.0103	−0.0293	−0.0172	0.0106	0.0002	0.0515
2000	0.0004	−0.0021	0.0027	0.0038	0.0023	−0.0010	0.0056	0.0055	0.0005	0.0036	−0.0037	−0.0087	0.0088
2001	0.0065	−0.0072	0.0140	−0.0041	−0.0039	−0.0007	0.0023	0.0047	0.0158	−0.0020	0.0078	−0.0028	0.0305
2002	0.0054	−0.0013	0.0074	0.0223	0.0105	−0.0105	−0.0045	0.0017	−0.0071	−0.0236	0.0009	0.0076	0.0082
2003	0.0060	−0.0051	0.0047	0.0000	0.0011	−0.0117	−0.0038	−0.0082	−0.0454	−0.0255	−0.0020	0.0480	−0.0436
2004	−0.0140	−0.0023	−0.0172	−0.0716	0.0129	0.0045	0.0034	0.0021	0.0093	−0.0131	−0.0079	−0.0042	−0.0963
2005	0.0284	0.0210	0.0081	0.0200	0.0185	0.0212	0.0208	−0.0078	0.0138	−0.0095	−0.0131	0.0269	0.1575
2006	0.0160	0.0024	−0.0005	−0.0180	0.0152	−0.0129	0.0035	−0.0014	0.0010	0.0073	−0.0055	−0.0116	−0.0051
2007	0.0087	−0.0073	0.0005	−0.0185	−0.0235	−0.0264	0.0062	−0.0120	−0.0321	−0.0060	0.0056	0.0228	−0.0803
2008	0.0298	0.0103	0.0068	−0.0143	−0.0052	−0.0068	−0.0169	0.0252	0.0542	0.0510	0.0066	0.0272	0.1779
2009	−0.0351	−0.0040	−0.0101	−0.0059	0.0134	−0.0112	−0.0252	0.0153	−0.0061	−0.0073	0.0054	0.0019	−0.0680
2010	0.0014	0.0154	0.0080	0.0027	0.0089	0.0001	0.0035	0.0030	−0.0039	−0.0060	−0.0246	−0.0119	−0.0040

续表

年份	1月	2月	3月	4月	5月	6月	7月	8月	9月	10月	11月	12月	1~12月
2011	0.0002	-0.0021	0.0069	0.0023	0.0011	-0.0085	-0.0084	0.0057	0.0107	0.0036	0.0109	0.0083	0.0309
2012	0.0171	-0.0098	-0.0007	0.0007	0.0142	0.0022	0.0022	-0.0248	0.0097	-0.0025	-0.0064	0.0026	0.0039
2013	-0.0021	0.0016	0.0021	0.0093	0.0013	-0.0041	-0.0182	-0.0082	-0.0066	-0.0021	-0.0312	-0.0007	-0.0579
2014	0.0326	0.0097	-0.0056	0.0056	0.0169	0.0064	-0.0143	0.0041	0.0169	0.0169	0.0159	-0.0067	0.1020
2015	0.0274	0.0043	-0.0237	0.0249	-0.0222	-0.0011	0.0090	0.0124	0.0083	0.0120	0.0004	0.0045	0.0562
2016	-0.0016	-0.0055	0.0047	-0.0043	-0.0059	0.0031	0.0050	-0.0069	0.0107	0.0041	-0.0131	-0.0147	-0.0244
2017	-0.0253	0.0030	0.0037	-0.0122	-0.0128	0.0380	-0.0117	0.0000	0.0056	-0.0519	-0.0110	0.0069	-0.0681
2018	-0.0019	0.0062	0.0061	0.0059	0.0030	0.0109	-0.0032	-0.0063	-0.0039	0.0097	0.0117	0.0118	0.0508
2019	0.0109	-0.0048	0.0071	-0.0248	0.0069	0.0036	0.0060	0.0071	-0.0052	-0.0136	0.0110	0.0038	0.0073
2020	0.0127	0.0136	0.0172	0.0073	-0.0144	-0.0148	-0.0149	-0.0060	-0.0043	-0.0011	-0.0051	0.0053	-0.0051
2021	0.0004	-0.0062	0.0049	0.0027	0.0069	-0.0025	0.0184	-0.0004	-0.0040	-0.0065	0.0115	0.0013	0.0263

附表 1-14　长期国债：收益率

年份	1月	2月	3月	4月	5月	6月	7月	8月	9月	10月	11月	12月	1~12月
1997	0.1025	0.1034	0.1061	0.1004	0.1012	0.1031	0.0988	0.0971	0.0968	0.0881	0.0820	0.0689	0.0689
1998	0.0682	0.0635	0.0678	0.0654	0.0620	0.0559	0.0470	0.0480	0.0495	0.0524	0.0532	0.0484	0.0484
1999	0.0457	0.0455	0.0415	0.0380	0.0386	0.0360	0.0330	0.0307	0.0355	0.0380	0.0357	0.0352	0.0352
2000	0.0352	0.0355	0.0352	0.0347	0.0344	0.0346	0.0339	0.0331	0.0331	0.0326	0.0331	0.0343	0.0343
2001	0.0334	0.0344	0.0324	0.0330	0.0336	0.0337	0.0334	0.0327	0.0304	0.0306	0.0294	0.0298	0.0298
2002	0.0291	0.0292	0.0283	0.0256	0.0242	0.0255	0.0260	0.0258	0.0267	0.0298	0.0297	0.0287	0.0287
2003	0.0258	0.0265	0.0259	0.0259	0.0258	0.0273	0.0278	0.0289	0.0351	0.0388	0.0391	0.0327	0.0327
2004	0.0384	0.0387	0.0410	0.0507	0.0492	0.0487	0.0484	0.0483	0.0471	0.0490	0.0503	0.0510	0.0510
2005	0.0473	0.0445	0.0435	0.0408	0.0383	0.0354	0.0325	0.0336	0.0316	0.0330	0.0350	0.0311	0.0311
2006	0.0287	0.0283	0.0282	0.0306	0.0284	0.0301	0.0295	0.0295	0.0293	0.0281	0.0288	0.0303	0.0303
2007	0.0341	0.0350	0.0350	0.0371	0.0399	0.0431	0.0425	0.0440	0.0480	0.0489	0.0484	0.0458	0.0458
2008	0.0424	0.0413	0.0406	0.0425	0.0432	0.0442	0.0465	0.0435	0.0368	0.0306	0.0298	0.0263	0.0263

续表

年份	1月	2月	3月	4月	5月	6月	7月	8月	9月	10月	11月	12月	1~12月
2009	0.0310	0.0316	0.0330	0.0339	0.0321	0.0337	0.0374	0.0353	0.0363	0.0375	0.0368	0.0366	0.0366
2010	0.0390	0.0372	0.0363	0.0360	0.0350	0.0349	0.0345	0.0341	0.0346	0.0353	0.0384	0.0398	0.0398
2011	0.0398	0.0401	0.0393	0.0390	0.0389	0.0400	0.0411	0.0404	0.0390	0.0386	0.0371	0.0360	0.0360
2012	0.0341	0.0353	0.0354	0.0353	0.0335	0.0332	0.0329	0.0361	0.0349	0.0352	0.0360	0.0357	0.0357
2013	0.0360	0.0358	0.0355	0.0344	0.0342	0.0347	0.0370	0.0381	0.0389	0.0393	0.0435	0.0437	0.0437
2014	0.0451	0.0439	0.0446	0.0439	0.0417	0.0409	0.0428	0.0423	0.0400	0.0377	0.0355	0.0364	0.0364
2015	0.0342	0.0336	0.0366	0.0335	0.0363	0.0365	0.0353	0.0337	0.0326	0.0310	0.0309	0.0303	0.0303
2016	0.0283	0.0290	0.0284	0.0289	0.0297	0.0293	0.0286	0.0295	0.0281	0.0276	0.0293	0.0312	0.0312
2017	0.0335	0.0332	0.0328	0.0344	0.0360	0.0315	0.0330	0.0330	0.0324	0.0393	0.0408	0.0400	0.0400
2018	0.0391	0.0383	0.0376	0.0368	0.0364	0.0350	0.0354	0.0362	0.0367	0.0354	0.0338	0.0322	0.0322
2019	0.0310	0.0316	0.0307	0.0338	0.0329	0.0325	0.0318	0.0309	0.0315	0.0333	0.0319	0.0314	0.0314
2020	0.0298	0.0282	0.0261	0.0252	0.0269	0.0287	0.0306	0.0313	0.0319	0.0320	0.0327	0.0320	0.0320
2021	0.0318	0.0326	0.0319	0.0316	0.0307	0.0310	0.0287	0.0287	0.0292	0.0300	0.0285	0.0283	0.0283

附表 1-15　中期国债：总收益

年份	1月	2月	3月	4月	5月	6月	7月	8月	9月	10月	11月	12月	1~12月
1997	-0.0054	-0.0094	-0.0132	0.0182	-0.0079	-0.0091	0.0406	0.0260	0.0136	0.0423	0.0226	0.0641	0.1947
1998	0.0149	0.0285	-0.0139	0.0135	0.0196	0.0226	0.0425	-0.0034	0.0184	-0.0069	-0.0127	0.0235	0.1550
1999	0.0212	0.0044	0.0281	0.0064	-0.0038	0.0182	0.0147	0.0131	-0.0036	-0.0049	-0.0110	0.0056	0.0911
2000	0.0008	-0.0014	0.0083	0.0037	0.0012	0.0034	0.0031	0.0051	-0.0078	0.0082	0.0038	0.0001	0.0286
2001	0.0074	0.0077	0.0025	0.0085	0.0034	0.0042	0.0033	0.0063	0.0187	0.0002	0.0046	0.0060	0.0752
2002	0.0063	0.0091	0.0116	0.0056	0.0056	-0.0002	0.0071	-0.0018	-0.0082	-0.0077	0.0067	-0.0002	0.0341
2003	0.0050	0.0007	0.0031	0.0018	0.0022	0.0012	0.0032	-0.0009	-0.0055	-0.0141	0.0143	0.0152	0.0262
2004	0.0017	-0.0169	-0.0019	-0.0323	0.0131	0.0026	0.0036	-0.0072	0.0099	-0.0007	0.0029	0.0062	-0.0198
2005	0.0164	0.0117	0.0150	0.0165	0.0065	0.0193	0.0133	0.0072	0.0080	-0.0059	-0.0030	0.0106	0.1217
2006	0.0124	-0.0019	-0.0032	-0.0087	0.0076	-0.0148	0.0062	-0.0008	0.0106	0.0081	-0.0002	-0.0017	0.0132

续表

年份	1月	2月	3月	4月	5月	6月	7月	8月	9月	10月	11月	12月	1~12月
2007	0.0081	-0.0043	0.0036	-0.0130	-0.0078	-0.0188	0.0125	0.0048	-0.0074	-0.0039	-0.0024	0.0083	-0.0206
2008	0.0152	0.0053	0.0189	-0.0143	0.0048	0.0040	-0.0101	0.0053	0.0291	0.0271	0.0236	0.0263	0.1425
2009	-0.0074	-0.0065	-0.0009	-0.0039	0.0070	-0.0011	-0.0189	0.0150	0.0020	0.0005	0.0041	0.0063	-0.0043
2010	-0.0019	0.0185	0.0057	0.0053	0.0098	0.0036	0.0032	0.0057	-0.0015	-0.0060	-0.0253	0.0154	0.0322
2011	0.0027	0.0152	0.0003	0.0088	0.0215	-0.0344	0.0163	0.0460	-0.0357	-0.0093	0.0497	-0.0124	0.0666
2012	0.0024	-0.0031	0.0052	-0.0013	0.0219	-0.0018	0.0067	-0.0087	-0.0032	-0.0011	0.0089	-0.0031	0.0227
2013	-0.0001	0.0015	0.0030	0.0082	0.0022	-0.0042	-0.0113	-0.0039	0.0024	0.0041	-0.0243	0.0483	0.0247
2014	0.0162	0.0065	0.0012	0.0065	0.0092	0.0083	0.0034	-0.0047	0.0077	0.0002	0.0250	-0.0076	0.0738
2015	0.0129	0.0091	-0.0035	0.0084	0.0029	0.0052	0.0033	0.0027	0.0066	0.0030	0.0058	-0.0017	0.0560
2016	0.0004	0.0056	0.0081	-0.0079	0.0031	0.0061	0.0050	0.0037	0.0022	0.0071	-0.0108	-0.0037	0.0189
2017	0.0050	-0.0012	-0.0114	0.0248	-0.0367	0.0126	-0.0010	-0.0044	0.0107	0.0018	-0.0061	-0.0031	-0.0104
2018	0.0125	0.0095	0.0040	0.0286	-0.0056	-0.0018	0.0107	-0.0059	0.0023	0.0049	0.0107	0.0046	0.0765
2019	0.0053	-0.0020	0.0058	-0.0081	0.0074	0.0042	0.0047	0.0052	0.0015	-0.0012	0.0056	0.0089	0.0376
2020	0.0064	0.0032	0.0202	0.0218	-0.0067	-0.0186	0.0032	-0.0146	0.0092	-0.0021	0.0037	0.0010	0.0262
2021	-0.0009	-0.0002	0.0053	0.0048	0.0040	0.0021	0.0125	0.0023	0.0009	-0.0024	0.0072	0.0065	0.0430

附表 1-16　中期国债: 收入收益

年份	1月	2月	3月	4月	5月	6月	7月	8月	9月	10月	11月	12月	1~12月
1997	0.0074	0.0067	0.0075	0.0073	0.0072	0.0068	0.0083	0.0068	0.0073	0.0068	0.0086	0.0076	0.0900
1998	0.0050	0.0074	0.0066	0.0063	0.0060	0.0065	0.0062	0.0059	0.0057	0.0054	0.0060	0.0064	0.0806
1999	0.0058	0.0022	0.0098	0.0057	0.0059	0.0057	0.0056	0.0059	0.0055	0.0051	0.0062	0.0060	0.0741
2000	0.0062	0.0068	0.0066	0.0059	0.0069	0.0066	0.0070	0.0070	0.0065	0.0073	0.0067	0.0065	0.0817
2001	0.0047	0.0089	0.0066	0.0068	0.0068	0.0063	0.0075	0.0073	0.0065	0.0075	0.0069	0.0070	0.0858
2002	0.0070	0.0063	0.0065	0.0070	0.0068	0.0059	0.0078	0.0070	0.0066	0.0081	0.0069	0.0076	0.0864
2003	0.0021	0.0022	0.0022	0.0021	0.0021	0.0022	0.0022	0.0021	0.0023	0.0022	0.0021	0.0024	0.0265
2004	0.0025	0.0023	0.0027	0.0025	0.0027	0.0026	0.0026	0.0027	0.0026	0.0025	0.0027	0.0027	0.0302

续表

年份	1月	2月	3月	4月	5月	6月	7月	8月	9月	10月	11月	12月	1~12月
2005	0.0037	0.0032	0.0036	0.0033	0.0036	0.0033	0.0031	0.0035	0.0032	0.0026	0.0033	0.0033	0.0424
2006	0.0015	0.0020	0.0018	0.0017	0.0020	0.0018	0.0016	0.0021	0.0017	0.0020	0.0018	0.0017	0.0220
2007	0.0040	0.0034	0.0036	0.0037	0.0038	0.0036	0.0040	0.0038	0.0034	0.0041	0.0037	0.0037	0.0442
2008	0.0032	0.0022	0.0029	0.0024	0.0027	0.0020	0.0031	0.0023	0.0026	0.0029	0.0027	0.0027	0.0330
2009	0.0018	0.0028	0.0026	0.0024	0.0022	0.0027	0.0025	0.0025	0.0025	0.0025	0.0025	0.0025	0.0294
2010	0.0033	0.0032	0.0037	0.0034	0.0035	0.0034	0.0032	0.0039	0.0032	0.0032	0.0040	0.0036	0.0428
2011	0.0027	0.0020	0.0030	0.0023	0.0026	0.0021	0.0019	0.0026	0.0028	0.0022	0.0027	0.0024	0.0303
2012	0.0030	0.0027	0.0028	0.0018	0.0038	0.0026	0.0020	0.0039	0.0026	0.0031	0.0027	0.0008	0.0324
2013	0.0025	0.0023	0.0023	0.0024	0.0026	0.0022	0.0020	0.0033	0.0024	0.0022	0.0027	0.0026	0.0297
2014	0.0033	0.0034	0.0035	0.0032	0.0034	0.0034	0.0034	0.0031	0.0033	0.0035	0.0031	0.0015	0.0395
2015	0.0028	0.0029	0.0029	0.0028	0.0026	0.0031	0.0029	0.0029	0.0026	0.0029	0.0028	0.0026	0.0351
2016	0.0024	0.0026	0.0026	0.0024	0.0026	0.0025	0.0024	0.0027	0.0022	0.0025	0.0028	0.0024	0.0308
2017	0.0018	0.0022	0.0018	0.0019	0.0012	0.0033	0.0022	0.0020	0.0021	0.0023	0.0019	0.0019	0.0244
2018	0.0034	0.0028	0.0030	0.0029	0.0031	0.0026	0.0034	0.0029	0.0028	0.0025	0.0037	0.0024	0.0372
2019	0.0030	0.0025	0.0026	0.0028	0.0027	0.0025	0.0029	0.0026	0.0027	0.0026	0.0026	0.0028	0.0327
2020	0.0019	0.0012	0.0040	0.0019	0.0024	0.0023	0.0026	0.0025	0.0025	0.0023	0.0007	0.0039	0.0289
2021	0.0024	0.0023	0.0027	0.0024	0.0025	0.0024	0.0024	0.0026	0.0024	0.0023	0.0026	0.0025	0.0301

附表 1-17　中期国债：资本增值收益

年份	1月	2月	3月	4月	5月	6月	7月	8月	9月	10月	11月	12月	1~12月
1997	-0.0127	-0.0161	-0.0206	0.0109	-0.0151	-0.0158	0.0323	0.0192	0.0063	0.0355	0.0140	0.0565	0.0950
1998	0.0100	0.0210	-0.0206	0.0072	0.0136	0.0161	0.0364	-0.0093	0.0127	-0.0123	-0.0187	0.0171	0.0739
1999	0.0153	0.0022	0.0183	0.0007	-0.0097	0.0125	0.0091	0.0072	-0.0090	-0.0100	-0.0172	-0.0004	0.0184
2000	-0.0054	-0.0082	0.0017	-0.0022	-0.0058	-0.0032	-0.0039	-0.0019	-0.0144	0.0010	-0.0029	-0.0064	-0.0505
2001	0.0027	-0.0012	-0.0041	0.0017	-0.0034	-0.0020	-0.0042	-0.0010	0.0122	-0.0073	-0.0023	-0.0011	-0.0101
2002	-0.0007	0.0028	0.0051	-0.0014	-0.0012	-0.0061	-0.0007	-0.0088	-0.0148	-0.0158	-0.0002	-0.0078	-0.0488

续表

年份	1月	2月	3月	4月	5月	6月	7月	8月	9月	10月	11月	12月	1~12月
2003	0.0029	-0.0015	0.0009	-0.0004	0.0001	-0.0010	0.0010	-0.0029	-0.0077	-0.0163	0.0122	0.0128	-0.0003
2004	-0.0008	-0.0192	-0.0046	-0.0348	0.0104	0.0000	0.0010	-0.0099	0.0073	-0.0032	0.0002	0.0035	-0.0497
2005	0.0127	0.0085	0.0115	0.0132	0.0029	0.0160	0.0101	0.0037	0.0048	-0.0085	-0.0063	0.0073	0.0784
2006	0.0108	-0.0039	-0.0050	-0.0104	0.0057	-0.0166	0.0046	-0.0029	0.0088	0.0061	-0.0020	-0.0035	-0.0086
2007	0.0041	-0.0077	0.0000	-0.0167	-0.0116	-0.0224	0.0085	0.0010	-0.0108	-0.0080	-0.0061	0.0046	-0.0636
2008	0.0119	0.0031	0.0159	-0.0167	0.0021	0.0020	-0.0133	0.0030	0.0265	0.0242	0.0209	0.0236	0.1071
2009	-0.0092	-0.0093	-0.0035	-0.0063	0.0048	-0.0039	-0.0214	0.0125	-0.0005	-0.0020	0.0016	0.0038	-0.0332
2010	-0.0053	0.0153	0.0020	0.0019	0.0062	0.0003	0.0000	0.0018	-0.0046	-0.0092	-0.0293	0.0117	-0.0098
2011	0.0000	0.0132	-0.0027	0.0064	0.0190	-0.0366	0.0144	0.0434	-0.0385	-0.0115	0.0470	-0.0148	0.0359
2012	-0.0006	-0.0058	0.0024	-0.0030	0.0180	-0.0044	0.0046	-0.0127	-0.0058	-0.0042	0.0062	-0.0038	-0.0093
2013	-0.0026	-0.0008	0.0007	0.0058	-0.0004	-0.0065	-0.0133	-0.0072	0.0000	0.0019	-0.0271	0.0457	-0.0052
2014	0.0129	0.0031	-0.0023	0.0033	0.0058	0.0049	0.0000	-0.0079	0.0044	-0.0033	0.0219	-0.0091	0.0338
2015	0.0101	0.0062	-0.0064	0.0056	0.0002	0.0021	0.0004	-0.0001	0.0040	0.0001	0.0030	-0.0043	0.0210
2016	-0.0020	0.0031	0.0055	-0.0103	0.0005	0.0036	0.0026	0.0010	-0.0001	0.0046	-0.0136	-0.0061	-0.0113
2017	0.0032	-0.0033	-0.0132	0.0229	-0.0379	0.0094	-0.0032	-0.0064	0.0086	-0.0005	-0.0081	-0.0051	-0.0343
2018	0.0091	0.0067	0.0010	0.0257	-0.0087	-0.0045	0.0072	-0.0088	-0.0005	0.0023	0.0070	0.0022	0.0389
2019	0.0023	-0.0045	0.0033	-0.0109	0.0047	0.0017	0.0018	0.0026	-0.0012	-0.0038	0.0030	0.0061	0.0048
2020	0.0045	0.0020	0.0161	0.0199	-0.0091	-0.0209	0.0007	-0.0171	0.0067	-0.0044	0.0030	-0.0029	-0.0023
2021	-0.0033	-0.0025	0.0026	0.0024	0.0015	-0.0003	0.0101	-0.0002	-0.0015	-0.0047	0.0046	0.0040	0.0126

附表 1-18

中期国债：收益率

年份	1月	2月	3月	4月	5月	6月	7月	8月	9月	10月	11月	12月	1~12月
1997	0.0936	0.0971	0.1016	0.0994	0.1029	0.1068	0.0997	0.0954	0.0941	0.0859	0.0825	0.0702	0.0702
1998	0.0678	0.0628	0.0673	0.0654	0.0619	0.0578	0.0487	0.0505	0.0469	0.0497	0.0541	0.0494	0.0494
1999	0.0450	0.0442	0.0384	0.0375	0.0394	0.0353	0.0319	0.0289	0.0307	0.0329	0.0373	0.0365	0.0365
2000	0.0372	0.0383	0.0371	0.0369	0.0374	0.0374	0.0374	0.0370	0.0394	0.0383	0.0381	0.0388	0.0388

续表

年份	1 月	2 月	3 月	4 月	5 月	6 月	7 月	8 月	9 月	10 月	11 月	12 月	1~12 月
2001	0.0376	0.0367	0.0368	0.0354	0.0353	0.0348	0.0348	0.0339	0.0296	0.0303	0.0297	0.0287	0.0287
2002	0.0276	0.0256	0.0227	0.0216	0.0204	0.0209	0.0193	0.0204	0.0235	0.0268	0.0252	0.0261	0.0261
2003	0.0256	0.0259	0.0257	0.0257	0.0257	0.0259	0.0257	0.0264	0.0285	0.0331	0.0299	0.0264	0.0264
2004	0.0311	0.0355	0.0367	0.0453	0.0430	0.0433	0.0432	0.0461	0.0444	0.0456	0.0459	0.0452	0.0452
2005	0.0422	0.0401	0.0372	0.0338	0.0329	0.0285	0.0256	0.0243	0.0226	0.0246	0.0260	0.0236	0.0236
2006	0.0228	0.0237	0.0249	0.0275	0.0262	0.0305	0.0295	0.0305	0.0283	0.0268	0.0274	0.0285	0.0285
2007	0.0262	0.0277	0.0273	0.0311	0.0338	0.0395	0.0371	0.0366	0.0394	0.0415	0.0432	0.0418	0.0418
2008	0.0420	0.0414	0.0379	0.0420	0.0417	0.0414	0.0451	0.0446	0.0379	0.0315	0.0258	0.0193	0.0193
2009	0.0227	0.0247	0.0255	0.0270	0.0257	0.0266	0.0323	0.0290	0.0291	0.0296	0.0291	0.0280	0.0280
2010	0.0345	0.0309	0.0303	0.0296	0.0279	0.0276	0.0273	0.0265	0.0274	0.0295	0.0369	0.0337	0.0337
2011	0.0410	0.0384	0.0391	0.0379	0.0338	0.0424	0.0393	0.0294	0.0390	0.0420	0.0308	0.0347	0.0347
2012	0.0303	0.0316	0.0309	0.0316	0.0270	0.0280	0.0267	0.0299	0.0314	0.0325	0.0307	0.0318	0.0318
2013	0.0326	0.0329	0.0328	0.0313	0.0315	0.0333	0.0370	0.0392	0.0394	0.0390	0.0472	0.0342	0.0342
2014	0.0418	0.0411	0.0416	0.0408	0.0393	0.0380	0.0379	0.0400	0.0388	0.0397	0.0334	0.0359	0.0359
2015	0.0339	0.0324	0.0339	0.0325	0.0324	0.0318	0.0316	0.0316	0.0305	0.0303	0.0294	0.0305	0.0305
2016	0.0272	0.0264	0.0249	0.0274	0.0272	0.0262	0.0254	0.0250	0.0249	0.0235	0.0272	0.0289	0.0289
2017	0.0287	0.0296	0.0328	0.0275	0.0370	0.0350	0.0361	0.0380	0.0360	0.0364	0.0389	0.0406	0.0406
2018	0.0384	0.0368	0.0366	0.0302	0.0323	0.0334	0.0314	0.0337	0.0338	0.0331	0.0310	0.0303	0.0303
2019	0.0289	0.0299	0.0291	0.0317	0.0305	0.0300	0.0295	0.0288	0.0290	0.0300	0.0291	0.0273	0.0273
2020	0.0280	0.0275	0.0237	0.0188	0.0209	0.0260	0.0258	0.0303	0.0285	0.0297	0.0289	0.0297	0.0297
2021	0.0301	0.0307	0.0301	0.0295	0.0291	0.0292	0.0265	0.0265	0.0269	0.0281	0.0268	0.0256	0.0256

附表 1-19　　短期国债：总收益

年份	1 月	2 月	3 月	4 月	5 月	6 月	7 月	8 月	9 月	10 月	11 月	12 月	1~12 月
1997	0.0215	0.0033	0.0019	0.0029	−0.0184	0.0012	0.0316	0.0017	0.0119	0.0075	0.0206	0.0144	0.1036
1998	0.0086	0.0033	0.0037	0.0047	0.0108	0.0093	0.0158	−0.0106	0.0118	−0.0015	0.0049	0.0112	0.0742

续表

年份	1月	2月	3月	4月	5月	6月	7月	8月	9月	10月	11月	12月	1~12月
1999	0.0190	0.0015	0.0096	0.0084	-0.0091	0.0169	0.0095	-0.0132	—	—	—	0.0056	0.0487
2000	0.0098	-0.0025	0.0073	0.0117	0.0035	0.0029	0.0013	0.0095	0.0000	0.0031	-0.0029	0.0029	0.0475
2001	0.0050	0.0030	0.0081	0.0049	-0.0005	0.0018	0.0046	0.0046	0.0095	0.0014	-0.0038	0.0036	0.0430
2002	0.0042	0.0025	0.0066	0.0035	0.0028	0.0020	0.0023	0.0021	-0.0016	0.0010	0.0028	0.0053	0.0340
2003	-0.0010	0.0014	0.0033	0.0031	0.0071	0.0007	0.0036	-0.0031	0.0009	0.0040	0.0043	0.0056	0.0303
2004	0.0032	0.0042	-0.0080	0.0009	0.0021	0.0002	0.0060	-0.0041	0.0009	0.0045	0.0041	-0.0035	0.0106
2005	0.0131	0.0027	0.0091	0.0034	0.0030	0.0024	0.0014	0.0016	0.0033	0.0004	-0.0034	0.0010	0.0388
2006	0.0017	-0.0011	0.0144	0.0022	0.0007	-0.0002	0.0059	0.0019	0.0024	-0.0051	0.0007	-0.0005	0.0232
2007	0.0038	0.0014	0.0004	0.0058	0.0005	0.0021	0.0016	0.0020	0.0075	0.0023	-0.0043	0.0027	0.0260
2008	0.0008	0.0024	0.0034	0.0027	0.0018	0.0001	0.0036	0.0047	0.0036	0.0080	0.0071	0.0139	0.0531
2009	-0.0008	-0.0051	0.0037	0.0031	0.0018	0.0045	-0.0042	0.0050	0.0004	0.0014	-0.0004	0.0051	0.0144
2010	0.0006	0.0020	-0.0003	-0.0192	-0.0005	-0.0003	0.0026	0.0019	0.0005	0.0014	-0.0011	-0.0002	-0.0127
2011	0.0008	0.0034	0.0041	0.0013	0.0010	-0.0012	0.0008	0.0029	0.0056	0.0075	0.0067	0.0027	0.0361
2012	0.0039	0.0020	0.0034	0.0021	0.0060	—	0.0019	-0.0007	0.0010	0.0008	0.0028	0.0029	0.0265
2013	0.0029	0.0025	0.0033	-0.0010	0.0014	0.0032	-0.0027	0.0062	0.0043	0.0001	-0.0014	0.0035	0.0223
2014	0.0082	0.0045	—	—	0.0063	0.0031	-0.0002	0.0021	0.0036	0.0064	0.0067	0.0005	0.0420
2015	0.0037	0.0027	0.0026	0.0065	0.0084	0.0034	-0.0051	-0.0009	0.0012	-0.0172	0.0020	0.0044	0.0117
2016	0.0117	0.0024	0.0028	0.0000	0.0010	0.0016	0.0028	0.0022	0.0017	0.0017	0.0014	-0.0011	0.0285
2017	0.0037	0.0034	0.0019	-0.0021	0.0005	0.0034	0.0029	0.0024	0.0036	0.0016	0.0019	0.0019	0.0255
2018	0.0040	0.0070	0.0018	0.0051	0.0035	0.0022	0.0032	0.0025	0.0011	0.0022	0.0026	0.0009	0.0368
2019	0.0045	0.0025	0.0023	-0.0006	0.0021	0.0025	0.0039	0.0018	0.0026	0.0014	0.0023	0.0049	0.0306
2020	0.0039	0.0043	0.0041	0.0049	-0.0031	-0.0029	-0.0002	-0.0011	0.0025	-0.0003	0.0012	0.0056	0.0189
2021	-0.0005	0.0010	0.0024	0.0048	0.0020	0.0021	0.0038	-0.0001	0.0024	0.0011	0.0018	0.0029	0.0239

附表 1-20

短期国债: 收入收益

年份	1月	2月	3月	4月	5月	6月	7月	8月	9月	10月	11月	12月	1~12月
1997	0.0080	0.0071	0.0071	0.0083	0.0070	0.0074	0.0116	0.0096	0.0106	0.0101	0.0091	0.0105	0.1124
1998	0.0072	0.0109	0.0094	0.0088	0.0085	0.0077	0.0074	0.0073	0.0071	0.0070	0.0073	0.0065	0.0992
1999	0.0060	0.0022	0.0102	0.0061	0.0062	0.0061	0.0060	0.0063	—	—	—	0.0060	0.0568
2000	0.0057	0.0063	0.0061	0.0055	0.0064	0.0058	0.0059	0.0059	0.0055	0.0059	0.0057	0.0059	0.0727
2001	0.0043	0.0081	0.0060	0.0062	0.0062	0.0058	0.0063	0.0061	0.0055	0.0062	0.0059	0.0065	0.0751
2002	0.0065	0.0058	0.0060	0.0066	0.0064	0.0057	0.0068	0.0061	0.0057	0.0067	0.0064	0.0070	0.0774
2003	0.0063	0.0066	0.0073	0.0070	0.0070	0.0073	0.0079	0.0073	0.0081	0.0078	0.0071	0.0083	0.0892
2004	0.0075	0.0070	0.0079	0.0019	0.0020	0.0019	0.0082	0.0087	0.0082	0.0079	0.0087	0.0084	0.0791
2005	0.0084	0.0075	0.0083	0.0017	0.0018	0.0017	0.0011	0.0013	0.0011	0.0010	0.0009	0.0009	0.0365
2006	0.0021	0.0027	0.0025	0.0012	0.0014	0.0013	0.0012	0.0014	0.0072	0.0078	0.0022	0.0015	0.0333
2007	0.0015	0.0014	0.0026	0.0028	0.0027	0.0026	0.0019	0.0015	0.0015	0.0018	0.0024	0.0022	0.0254
2008	0.0028	0.0023	0.0036	0.0036	0.0036	0.0037	0.0020	0.0019	0.0018	0.0032	0.0032	0.0028	0.0350
2009	0.0018	0.0025	0.0023	0.0026	0.0023	0.0031	0.0020	0.0021	0.0024	0.0017	0.0019	0.0027	0.0276
2010	0.0029	0.0026	0.0041	0.0013	0.0037	0.0038	0.0040	0.0042	0.0036	0.0023	0.0025	0.0040	0.0387
2011	0.0036	0.0025	0.0024	0.0012	0.0024	0.0023	0.0022	0.0031	0.0028	0.0035	0.0018	0.0026	0.0308
2012	0.0027	0.0022	0.0024	0.0021	0.0025	—	0.0019	0.0018	0.0004	0.0025	0.0024	0.0025	0.0238
2013	0.0025	0.0022	0.0021	0.0021	0.0023	0.0019	0.0024	0.0023	0.0029	0.0029	0.0005	0.0035	0.0280
2014	0.0032	0.0031	—	—	0.0031	0.0031	0.0031	0.0017	0.0033	0.0031	0.0025	0.0027	0.0295
2015	0.0027	0.0023	0.0027	0.0031	0.0025	0.0023	0.0022	0.0022	0.0015	0.0020	0.0018	0.0020	0.0278
2016	0.0023	0.0020	0.0018	0.0018	0.0019	0.0019	0.0018	0.0021	0.0018	0.0018	0.0017	0.0017	0.0230
2017	0.0014	0.0021	0.0024	0.0021	0.0025	0.0027	0.0028	0.0028	0.0038	0.0029	0.0027	0.0028	0.0315
2018	0.0032	0.0011	0.0028	0.0027	0.0031	0.0027	0.0023	0.0022	0.0021	0.0018	0.0023	0.0020	0.0290
2019	0.0022	0.0019	0.0018	0.0020	0.0027	0.0020	0.0024	0.0022	0.0025	0.0023	0.0019	0.0021	0.0265
2020	0.0016	0.0023	0.0020	0.0018	0.0020	0.0034	0.0026	0.0018	0.0018	0.0018	0.0023	0.0025	0.0261
2021	0.0023	0.0019	0.0022	0.0020	0.0020	0.0019	0.0019	0.0018	0.0016	0.0016	0.0022	0.0019	0.0235

附表 1-21　　短期国债：资本增值收益

年份	1月	2月	3月	4月	5月	6月	7月	8月	9月	10月	11月	12月	1~12月
1997	0.0135	−0.0038	−0.0052	−0.0054	−0.0255	−0.0062	0.0199	−0.0079	0.0013	−0.0027	0.0115	0.0038	−0.0074
1998	0.0014	−0.0076	−0.0057	−0.0041	0.0023	0.0016	0.0084	−0.0178	0.0047	−0.0085	−0.0024	0.0047	−0.0231
1999	0.0130	−0.0008	−0.0005	0.0024	−0.0153	0.0108	0.0035	−0.0195	—	—	—	−0.0004	−0.0072
2000	0.0040	−0.0088	0.0012	0.0063	−0.0028	−0.0028	−0.0046	0.0035	−0.0055	−0.0027	−0.0086	−0.0030	−0.0237
2001	0.0008	−0.0051	0.0020	−0.0013	−0.0067	−0.0040	−0.0017	−0.0015	0.0040	−0.0048	−0.0097	−0.0029	−0.0304
2002	−0.0023	−0.0033	0.0006	−0.0031	−0.0036	−0.0038	−0.0045	−0.0040	−0.0073	−0.0057	−0.0036	−0.0018	−0.0416
2003	−0.0074	−0.0051	−0.0040	−0.0039	0.0001	−0.0066	−0.0043	−0.0104	−0.0072	−0.0038	−0.0027	−0.0027	−0.0566
2004	−0.0043	−0.0028	−0.0159	−0.0010	0.0002	−0.0017	−0.0022	−0.0129	−0.0073	−0.0035	−0.0046	−0.0119	−0.0660
2005	0.0047	−0.0048	0.0008	0.0017	0.0012	0.0007	0.0003	0.0004	0.0022	−0.0006	−0.0044	0.0001	0.0023
2006	−0.0004	−0.0038	0.0119	0.0010	−0.0007	−0.0015	0.0047	0.0005	−0.0048	−0.0129	−0.0015	−0.0020	−0.0097
2007	0.0022	0.0000	−0.0022	0.0030	−0.0023	−0.0005	−0.0003	0.0005	0.0060	0.0005	−0.0066	0.0005	0.0007
2008	−0.0020	0.0001	−0.0002	−0.0009	−0.0018	−0.0036	0.0016	0.0028	0.0017	0.0048	0.0038	0.0111	0.0175
2009	−0.0027	−0.0076	0.0014	0.0005	−0.0005	0.0014	−0.0063	0.0029	−0.0020	−0.0003	−0.0023	0.0024	−0.0130
2010	−0.0023	−0.0006	−0.0044	−0.0205	−0.0042	−0.0041	−0.0014	−0.0023	−0.0031	−0.0009	−0.0036	−0.0042	−0.0506
2011	−0.0028	0.0009	0.0017	0.0001	−0.0015	−0.0034	−0.0014	−0.0002	0.0027	0.0040	0.0049	0.0001	0.0050
2012	0.0012	−0.0002	0.0010	0.0000	0.0035	—	0.0001	−0.0025	0.0005	−0.0016	0.0004	0.0004	0.0028
2013	0.0004	0.0003	0.0012	−0.0032	−0.0009	0.0012	−0.0052	0.0039	0.0014	−0.0029	−0.0019	0.0000	−0.0055
2014	0.0051	0.0014	—	—	0.0032	0.0000	−0.0033	0.0004	0.0003	0.0033	0.0042	−0.0022	0.0124
2015	0.0010	0.0004	−0.0001	0.0034	0.0060	0.0011	−0.0073	−0.0031	−0.0002	−0.0192	0.0002	0.0024	−0.0156
2016	0.0094	0.0005	0.0010	−0.0018	−0.0009	−0.0003	0.0010	0.0001	−0.0001	−0.0001	−0.0003	−0.0028	0.0056
2017	0.0023	0.0013	−0.0004	−0.0042	−0.0020	0.0007	0.0001	−0.0004	−0.0002	−0.0013	−0.0008	−0.0010	−0.0059
2018	0.0008	0.0059	−0.0010	0.0024	0.0004	−0.0005	0.0009	0.0003	−0.0010	0.0004	0.0003	−0.0010	0.0078
2019	0.0023	0.0006	0.0004	−0.0026	−0.0006	0.0005	0.0015	−0.0004	0.0002	−0.0009	0.0003	0.0027	0.0040
2020	0.0023	0.0019	0.0021	0.0031	−0.0052	−0.0062	−0.0028	−0.0029	0.0007	−0.0021	−0.0011	0.0031	−0.0070
2021	−0.0028	−0.0009	0.0002	0.0028	0.0000	0.0002	0.0019	−0.0019	0.0008	−0.0005	−0.0003	0.0010	0.0005

附表 1-22

短期国债：收益率

年份	1月	2月	3月	4月	5月	6月	7月	8月	9月	10月	11月	12月	1~12月
1997	0.0416	0.0416	0.0429	0.0439	0.0742	0.0811	0.0897	0.0937	0.0904	0.0903	0.0774	0.0697	0.0697
1998	0.0652	0.0684	0.0628	0.0630	0.0550	0.0499	0.0380	0.0534	0.0442	0.0509	0.0498	0.0403	0.0403
1999	0.0273	0.0268	0.0211	0.0143	0.0258	0.0080	−0.0037	0.0159	—	—	—	0.0365	0.0365
2000	0.0344	0.0361	0.0348	0.0318	0.0315	0.0314	0.0318	0.0293	0.0302	0.0300	0.0321	0.0320	0.0320
2001	0.0307	0.0308	0.0284	0.0273	0.0286	0.0288	0.0277	0.0265	0.0225	0.0228	0.0260	0.0252	0.0252
2002	0.0239	0.0235	0.0203	0.0191	0.0182	0.0177	0.0171	0.0164	0.0192	0.0200	0.0188	0.0144	0.0144
2003	0.0173	0.0172	0.0236	0.0231	0.0211	0.0215	0.0208	0.0227	0.0232	0.0223	0.0211	0.0194	0.0194
2004	0.0186	0.0172	0.0222	0.0247	0.0245	0.0271	0.0229	0.0267	0.0275	0.0259	0.0246	0.0288	0.0288
2005	0.0202	0.0192	0.0123	0.0182	0.0163	0.0147	0.0145	0.0141	0.0110	0.0099	0.0153	0.0157	0.0157
2006	0.0150	0.0182	0.0001	0.0200	0.0209	0.0228	0.0184	0.0180	0.0007	0.0068	0.0265	0.0234	0.0234
2007	0.0214	0.0217	0.0242	0.0204	0.0217	0.0213	0.0267	0.0342	0.0285	0.0288	0.0249	0.0240	0.0240
2008	0.0256	0.0251	0.0308	0.0306	0.0313	0.0346	0.0358	0.0338	0.0325	0.0270	0.0214	0.0111	0.0111
2009	0.0129	0.0140	0.0112	0.0139	0.0130	0.0091	0.0217	0.0182	0.0196	0.0146	0.0165	0.0144	0.0144
2010	0.0152	0.0139	0.0159	0.0176	0.0138	0.0154	0.0138	0.0168	0.0177	0.0136	0.0179	0.0281	0.0281
2011	0.0297	0.0279	0.0274	0.0281	0.0297	0.0346	0.0372	0.0390	0.0358	0.0311	0.0245	0.0245	0.0245
2012	0.0253	0.0278	0.0282	0.0281	0.0198	—	0.0225	0.0258	0.0252	0.0284	0.0288	0.0282	0.0282
2013	0.0274	0.0275	0.0246	0.0286	0.0281	0.0273	0.0350	0.0358	0.0343	0.0385	0.0392	0.0398	0.0398
2014	0.0328	0.0320	—	—	0.0320	0.0315	0.0373	0.0369	0.0372	0.0335	0.0302	0.0324	0.0324
2015	0.0310	0.0305	0.0301	0.0265	0.0196	0.0136	0.0217	0.0231	0.0230	0.0463	0.0252	0.0230	0.0230
2016	0.0123	0.0226	0.0200	0.0220	0.0232	0.0232	0.0219	0.0215	0.0209	0.0209	0.0213	0.0255	0.0255
2017	0.0251	0.0237	0.0284	0.0305	0.0337	0.0335	0.0334	0.0339	0.0333	0.0349	0.0363	0.0380	0.0380
2018	0.0350	0.0299	0.0332	0.0298	0.0312	0.0315	0.0304	0.0300	0.0296	0.0289	0.0277	0.0260	0.0260
2019	0.0233	0.0231	0.0235	0.0258	0.0268	0.0262	0.0249	0.0252	0.0238	0.0265	0.0263	0.0225	0.0225
2020	0.0223	0.0196	0.0165	0.0110	0.0160	0.0196	0.0222	0.0244	0.0238	0.0270	0.0288	0.0248	0.0248
2021	0.0245	0.0253	0.0251	0.0213	0.0226	0.0222	0.0194	0.0219	0.0211	0.0219	0.0226	0.0211	0.0211

通货膨胀率

附表 1-23

年份	1月	2月	3月	4月	5月	6月	7月	8月	9月	10月	11月	12月	1~12月
1993	0.1030	0.1050	0.1220	0.1260	0.1400	0.1510	0.1620	0.1600	0.1570	0.1590	0.1670	0.1880	0.1470
1994	0.2110	0.2320	0.2240	0.2170	0.2130	0.2260	0.2400	0.2580	0.2730	0.2770	0.2750	0.2550	0.2410
1995	0.2410	0.2240	0.2130	0.2070	0.2030	0.1820	0.1670	0.1450	0.1320	0.1210	0.1120	0.1010	0.1710
1996	0.0900	0.0930	0.0980	0.0970	0.0890	0.0860	0.0830	0.0810	0.0740	0.0700	0.0690	0.0700	0.0830
1997	0.0590	0.0560	0.0400	0.0320	0.0280	0.0280	0.0270	0.0190	0.0180	0.0150	0.0110	0.0040	0.0280
1998	0.0030	-0.0010	0.0070	-0.0030	-0.0100	-0.0130	-0.0140	-0.0140	-0.0150	-0.0110	-0.0120	-0.0100	-0.0080
1999	-0.0120	-0.0130	-0.0180	-0.0220	-0.0220	-0.0210	-0.0140	-0.0130	-0.0080	-0.0060	-0.0090	-0.0100	-0.0140
2000	-0.0020	0.0070	-0.0020	-0.0030	0.0010	0.0050	0.0050	0.0030	0.0000	0.0000	0.0130	0.0150	0.0040
2001	0.0120	0.0000	0.0080	0.0160	0.0170	0.0140	0.0150	0.0100	-0.0010	0.0020	-0.0030	-0.0030	0.0070
2002	-0.0100	0.0000	-0.0080	-0.0130	-0.0110	-0.0080	-0.0090	-0.0070	-0.0070	-0.0080	-0.0030	-0.0040	-0.0080
2003	0.0040	0.0020	0.0090	0.0100	0.0070	0.0030	0.0050	0.0090	0.0110	0.0180	0.0300	0.0320	0.0120
2004	0.0320	0.0210	0.0300	0.0380	0.0440	0.0500	0.0530	0.0530	0.0520	0.0430	0.0280	0.0240	0.0390
2005	0.0190	0.0390	0.0270	0.0180	0.0180	0.0160	0.0180	0.0130	0.0090	0.0120	0.0130	0.0160	0.0180
2006	0.0190	0.0090	0.0080	0.0120	0.0140	0.0150	0.0100	0.0130	0.0150	0.0140	0.0190	0.0280	0.0150
2007	0.0220	0.0270	0.0330	0.0300	0.0340	0.0440	0.0560	0.0650	0.0620	0.0650	0.0690	0.0650	0.0480
2008	0.0710	0.0870	0.0830	0.0850	0.0770	0.0710	0.0630	0.0490	0.0460	0.0400	0.0240	0.0120	0.0590
2009	0.0100	-0.0160	-0.0120	-0.0150	-0.0140	-0.0170	-0.0180	-0.0120	-0.0080	-0.0050	0.0060	0.0190	-0.0070
2010	0.0150	0.0270	0.0240	0.0280	0.0310	0.0290	0.0330	0.0350	0.0360	0.0440	0.0510	0.0460	0.0330
2011	0.0490	0.0494	0.0538	0.0534	0.0551	0.0636	0.0645	0.0615	0.0607	0.0550	0.0422	0.0407	0.0540
2012	0.0450	0.0320	0.0360	0.0340	0.0300	0.0220	0.0180	0.0200	0.0190	0.0170	0.0200	0.0250	0.0260
2013	0.0203	0.0322	0.0207	0.0239	0.0210	0.0267	0.0267	0.0257	0.0305	0.0321	0.0302	0.0250	0.0260
2014	0.0249	0.0195	0.0238	0.0180	0.0248	0.0234	0.0229	0.0199	0.0163	0.0160	0.0144	0.0151	0.0200
2015	0.0076	0.0143	0.0138	0.0151	0.0123	0.0139	0.0165	0.0196	0.0160	0.0127	0.0149	0.0160	0.0140
2016	0.0180	0.0230	0.0230	0.0233	0.0204	0.0188	0.0177	0.0134	0.0192	0.0210	0.0225	0.0208	0.0200
2017	0.0255	0.0080	0.0210	0.0120	0.0150	0.0150	0.0140	0.0180	0.0160	0.0190	0.0170	0.0180	0.0160
2018	0.0150	0.0290	0.0210	0.0180	0.0180	0.0190	0.0210	0.0230	0.0250	0.0250	0.0220	0.0190	0.0210

续表

年份	1月	2月	3月	4月	5月	6月	7月	8月	9月	10月	11月	12月	1~12月
2019	0.0170	0.0150	0.0230	0.0250	0.0270	0.0270	0.0280	0.0280	0.0300	0.0380	0.0450	0.0450	0.0290
2020	0.0540	0.0520	0.0430	0.0330	0.0240	0.0250	0.0270	0.0240	0.0170	0.0050	-0.0050	0.0020	0.0250
2021	-0.0030	-0.0020	0.0040	0.0090	0.0130	0.0110	0.0100	0.0080	0.0070	0.0150	0.0230	0.0150	0.0090

附录 2　基本序列累积财富指数

附表 2-1　　　大公司股票：总收益指数

年份	1月	2月	3月	4月	5月	6月	7月	8月	9月	10月	11月	12月	年末	指数
1992	—	—	—	—	—	—	—	—	—	—	—	1.0000	1992	1.0000
1993	1.1597	1.2457	1.0977	1.2059	1.0333	0.9692	0.9184	0.9677	0.9336	0.8888	0.9280	0.8935	1993	0.8935
1994	0.7684	0.7713	0.6578	0.5417	0.5020	0.4253	0.3315	0.6750	0.6833	0.5335	0.5574	0.5231	1994	0.5231
1995	0.4706	0.4622	0.5135	0.4574	0.5171	0.4708	0.4966	0.5267	0.5255	0.5235	0.4880	0.4407	1995	0.4407
1996	0.4251	0.4472	0.4558	0.6321	0.7057	0.9092	0.9787	0.9934	1.0603	1.2757	1.3550	1.1258	1996	1.1258
1997	1.2337	1.2823	1.5733	1.8776	1.8165	1.8917	1.7067	1.6744	1.4916	1.7163	1.6309	1.6555	1997	1.6555
1998	1.6810	1.6106	1.6264	1.6876	1.6746	1.5102	1.4877	1.2962	1.3234	1.2567	1.3097	1.2087	1998	1.2087
1999	1.2128	1.1642	1.1869	1.1462	1.3427	1.9243	1.7152	1.6946	1.6353	1.5278	1.4250	1.3613	1999	1.3613
2000	1.6067	1.8135	1.8297	1.8655	1.8737	1.9097	1.9714	1.9206	1.8183	1.8257	1.9061	1.8637	2000	1.8637
2001	1.8320	1.7261	1.8420	1.8102	1.8102	1.7851	1.5396	1.4780	1.4483	1.4214	1.4396	1.3594	2001	1.3594
2002	1.2540	1.2661	1.3239	1.3490	1.2486	1.4532	1.3884	1.3980	1.3208	1.2600	1.2161	1.1571	2002	1.1571
2003	1.2605	1.2630	1.2749	1.3193	1.3809	1.3042	1.3291	1.2854	1.2341	1.2211	1.2433	1.3029	2003	1.3029
2004	1.3824	1.4424	1.4685	1.3127	1.2755	1.1488	1.1576	1.1285	1.1842	1.1171	1.1299	1.0659	2004	1.0659
2005	1.0301	1.1146	1.0212	1.0258	0.9398	0.9685	0.9957	1.0356	1.0145	0.9660	0.9639	1.0259	2005	1.0259
2006	1.1074	1.1593	1.1851	1.2945	1.4887	1.5194	1.4049	1.4474	1.5074	1.6067	1.9237	2.2835	2006	2.2835
2007	2.6181	2.7160	2.9577	3.6704	4.1074	4.0203	4.7835	5.6291	5.8247	6.0930	5.1157	5.7675	2007	5.7675
2008	4.9268	4.9453	4.0132	4.2837	3.8726	3.0178	3.0575	2.6313	2.5058	1.8524	2.0635	2.0258	2008	2.0258
2009	2.2632	2.3547	2.7395	2.8513	2.9944	3.4730	4.1110	3.0945	3.3102	3.5846	3.8228	3.9344	2009	3.9344
2010	3.4920	3.5487	3.6180	3.3097	3.0538	2.8468	3.1718	3.1267	3.1366	3.5325	3.2940	3.2706	2010	3.2706
2011	3.2564	3.3527	3.3914	3.3852	3.2158	3.2668	3.1866	3.0308	2.8354	2.9678	2.8109	2.7480	2011	2.7480
2012	2.8802	3.0131	2.8186	2.9666	2.9278	2.8080	2.7045	2.6051	2.6779	2.6468	2.5614	2.9252	2012	2.9252
2013	3.0502	2.9930	2.8175	2.7478	2.8587	2.5144	2.5306	2.6337	2.7105	2.6865	2.7574	2.6306	2013	2.6306

续表

年份	1月	2月	3月	4月	5月	6月	7月	8月	9月	10月	11月	12月	年末	指数
2014	2.5020	2.5083	2.4833	2.4918	2.5109	2.5542	2.7791	2.7530	2.8659	2.9428	3.3019	4.2274	2014	4.2274
2015	4.1213	4.2088	4.6538	5.4567	5.2819	5.0972	4.4647	3.9062	3.7538	4.0819	4.0818	4.2250	2015	4.2250
2016	3.3866	3.3235	3.7013	3.6232	3.6414	3.6533	3.7852	3.9271	3.8248	3.9305	4.1668	3.9832	2016	3.9832
2017	4.1350	4.1952	4.2141	4.2116	4.3324	4.5026	4.6904	4.8034	4.8048	4.9909	4.9836	5.0303	2017	5.0303
2018	5.4347	5.0819	4.8801	4.7518	4.8185	4.5333	4.6371	4.4424	4.6520	4.2984	4.2490	4.0859	2018	4.0859
2019	4.3204	4.8308	5.0210	5.0885	4.7842	5.0310	5.0601	5.0051	5.0272	5.1354	5.0549	5.3494	2019	5.3494
2020	5.2163	5.1063	4.8238	5.0780	5.0358	5.3946	6.0851	6.2875	6.0161	6.1555	6.4780	6.7728	2020	6.7728
2021	6.9663	6.9122	6.6150	6.7384	7.0487	7.0100	6.5146	6.6012	6.7392	6.7953	6.6979	6.8365	2021	6.8365

附表 2-2　　大公司股票：资本增值收益指数

年份	1月	2月	3月	4月	5月	6月	7月	8月	9月	10月	11月	12月	年末	指数
1992	—	—	—	—	—	—	—	—	—	—	—	1.0000	1992	1.0000
1993	1.1597	1.2457	1.0966	1.2034	1.0294	0.9655	0.9147	0.9637	0.9298	0.8852	0.9242	0.8899	1993	0.8899
1994	0.7653	0.7681	0.6551	0.5388	0.4987	0.4202	0.3266	0.6642	0.6717	0.5244	0.5472	0.5135	1994	0.5135
1995	0.4619	0.4537	0.5041	0.4489	0.5056	0.4584	0.4815	0.5083	0.5041	0.5023	0.4682	0.4228	1995	0.4228
1996	0.4078	0.4290	0.4373	0.6064	0.6764	0.8693	0.9332	0.9445	1.0072	1.2117	1.2871	1.0694	1996	1.0694
1997	1.1718	1.2180	1.4944	1.7834	1.7247	1.7935	1.6149	1.5821	1.4093	1.6217	1.5405	1.5638	1997	1.5638
1998	1.5879	1.5214	1.5363	1.5938	1.5812	1.4226	1.3997	1.2161	1.2416	1.1791	1.2288	1.1340	1998	1.1340
1999	1.1379	1.0923	1.1135	1.0753	1.2590	1.8004	1.6031	1.5815	1.5259	1.4211	1.3254	1.2661	1999	1.2661
2000	1.4944	1.6868	1.7018	1.7349	1.7418	1.7733	1.8279	1.7790	1.6842	1.6908	1.7652	1.7259	2000	1.7259
2001	1.6966	1.5985	1.7055	1.6758	1.6719	1.6444	1.4161	1.3580	1.3307	1.3057	1.3224	1.2487	2001	1.2487
2002	1.1519	1.1631	1.2161	1.2381	1.1442	1.3264	1.2623	1.2695	1.1992	1.1440	1.1042	1.0506	2002	1.0506
2003	1.1445	1.1468	1.1575	1.1966	1.2504	1.1762	1.1958	1.1552	1.1079	1.0962	1.1162	1.1697	2003	1.1697
2004	1.2410	1.2949	1.3181	1.1765	1.1414	1.0209	1.0255	0.9988	1.0478	0.9880	0.9994	0.9428	2004	0.9428
2005	0.9111	0.9859	0.9032	0.9051	0.8251	0.8424	0.8621	0.8955	0.8770	0.8348	0.8330	0.8866	2005	0.8866
2006	0.9570	1.0019	1.0242	1.1175	1.2763	1.2899	1.1876	1.2222	1.2729	1.3568	1.6244	1.9277	2006	1.9277

续表

年份	1月	2月	3月	4月	5月	6月	7月	8月	9月	10月	11月	12月	年末	指数
2007	2.2102	2.2929	2.4969	3.0970	3.4597	3.3748	4.0094	4.7166	4.8802	5.1049	4.2862	4.8323	2007	4.8323
2008	4.1279	4.1434	3.3622	3.5849	3.2355	2.5076	2.5362	2.1820	2.0769	1.5351	1.7091	1.6779	2008	1.6779
2009	1.8744	1.9502	2.2690	2.3603	2.4751	2.8518	3.3698	2.5359	2.7102	2.9349	3.1300	3.2213	2009	3.2213
2010	2.8591	2.9055	2.9620	2.7083	2.4809	2.2948	2.5485	2.5119	2.5170	2.8346	2.6432	2.6245	2010	2.6245
2011	2.6131	2.6903	2.7211	2.7156	2.5767	2.5838	2.5160	2.3927	2.2310	2.3350	2.2113	2.1617	2011	2.1617
2012	2.2657	2.3703	2.2172	2.3331	2.2959	2.1734	2.0847	2.0060	2.0549	2.0310	1.9654	2.2446	2012	2.2446
2013	2.3405	2.2966	2.1620	2.1082	2.1901	1.8892	1.8847	1.9595	2.0094	1.9916	2.0441	1.9502	2013	1.9502
2014	1.8548	1.8594	1.8408	1.8463	1.8576	1.8542	1.9878	1.9672	2.0418	2.0965	2.3522	3.0114	2014	3.0114
2015	2.9355	2.9979	3.3148	3.8848	3.7554	3.6081	3.1215	2.7299	2.6198	2.8482	2.8482	2.9479	2015	2.9479
2016	2.3628	2.3185	2.5820	2.5265	2.5352	2.5233	2.5781	2.6698	2.5972	2.6690	2.8294	2.7047	2016	2.7047
2017	2.8078	2.8486	2.8611	2.8591	2.9354	3.0323	3.1185	3.1881	3.1849	3.3082	3.3034	3.3343	2017	3.3343
2018	3.6024	3.3685	3.2347	3.1489	3.1818	2.9691	3.0012	2.8699	3.0002	2.7719	2.7399	2.6342	2018	2.6342
2019	2.7854	3.1141	3.2366	3.2786	3.0732	3.1998	3.1874	3.1471	3.1572	3.2249	3.1740	3.3586	2019	3.3586
2020	3.2749	3.2058	3.0284	3.1876	3.1546	3.3476	3.7405	3.8597	3.6906	3.7750	3.9716	4.1520	2020	4.1520
2021	4.2707	4.2375	4.0551	4.1287	4.3142	4.2606	3.9262	3.9709	4.0500	4.0815	4.0228	4.1060	2021	4.1060

附表 2-3　　　　　　　　　　　　　　　　　小公司股票：总收益指数

年份	1月	2月	3月	4月	5月	6月	7月	8月	9月	10月	11月	12月	年末	指数
1992	—	—	—	—	—	—	—	—	—	—	—	1.0000	1992	1.0000
1993	1.4752	1.7061	1.1157	1.8168	1.3029	1.4592	1.2875	1.3306	1.3556	1.2952	1.6093	1.3864	1993	1.3864
1994	1.3183	1.2959	1.3070	1.1919	1.1119	0.8969	0.5958	1.4224	1.6988	1.4134	1.4975	1.4286	1994	1.4286
1995	1.2288	1.2169	1.3938	1.2752	1.5435	1.4019	1.4835	1.4984	1.4586	1.4876	1.3972	1.2342	1995	1.2342
1996	1.1729	1.2039	1.1962	1.6103	1.4005	1.5512	1.9555	1.7835	1.8298	2.7137	3.1532	2.3367	1996	2.3367
1997	2.5659	2.9084	3.6042	3.9528	3.4382	3.4485	3.3957	3.3833	3.1196	3.3868	3.3412	3.6958	1997	3.6958
1998	3.8560	4.0052	4.3560	4.9682	5.6976	5.5160	5.5914	5.2975	6.1424	6.1562	5.9584	5.2650	1998	5.2650
1999	5.1454	4.9810	5.8164	5.4384	5.8626	7.4984	7.4811	7.9823	7.8013	7.5826	7.5165	7.0282	1999	7.0282

续表

年份	1月	2月	3月	4月	5月	6月	7月	8月	9月	10月	11月	12月	年末	指数
2000	7.5686	8.7617	10.0482	10.0389	10.6190	10.5749	11.2247	11.3611	11.4545	11.9267	12.7141	12.9736	2000	12.9736
2001	12.5017	11.3783	12.7154	13.1508	14.6167	14.4746	12.4684	12.4911	11.3364	10.6579	11.3931	10.4546	2001	10.4546
2002	8.7656	9.2246	10.1999	11.0297	10.0555	10.9036	10.6701	11.0530	10.4764	9.9975	9.0986	8.7404	2002	8.7404
2003	9.8497	10.0135	9.5942	8.5464	8.8574	8.3468	8.0011	7.9903	7.5154	6.7378	6.5672	6.2984	2003	6.2984
2004	7.0112	8.0494	8.4611	7.3584	7.3784	6.3735	5.8473	5.5275	5.6961	5.1548	5.5454	5.1285	2004	5.1285
2005	4.8333	5.3965	4.7027	4.1017	4.0316	4.0098	3.6425	4.5224	4.8306	4.4469	4.5313	4.5012	2005	4.5012
2006	4.5237	4.8186	4.6726	4.4622	5.9293	6.2553	6.2891	6.4631	7.0525	6.8899	6.7803	6.9751	2006	6.9751
2007	8.5861	10.5054	13.4052	17.9420	19.7241	14.8509	18.6822	21.6993	22.1292	19.7075	18.7469	22.4336	2007	22.4336
2008	20.7820	22.7380	18.8103	17.3643	16.8212	12.9328	14.3739	10.9487	9.7230	7.3473	8.9439	10.0161	2008	10.0161
2009	11.4964	12.8062	15.9210	17.2038	18.7129	20.5685	23.2972	20.1739	20.9515	23.6048	26.9862	27.8330	2009	27.8330
2010	26.8617	28.7645	31.2427	28.5058	27.0743	24.7927	28.4860	31.6115	31.0851	33.7420	34.6704	34.0270	2010	34.0270
2011	31.3924	33.8620	33.0763	31.3809	29.0150	30.1348	30.9531	30.4962	26.8998	28.3368	27.3307	22.4067	2011	22.4067
2012	21.2169	24.4636	22.5433	23.4040	24.2811	23.8914	21.2086	22.4777	22.5088	22.4358	19.6532	23.0675	2012	23.0675
2013	24.2792	25.5965	24.5077	23.8235	28.3151	24.6679	27.5343	29.0732	31.7717	30.3060	35.6380	34.3446	2013	34.3446
2014	36.5198	37.7472	36.5636	36.5839	38.6254	41.7501	44.0090	47.6297	55.9255	56.2256	59.8275	52.1026	2014	52.1026
2015	57.2211	61.6963	77.6751	91.7752	129.0770	104.7200	84.4123	70.6708	70.1917	89.8645	107.3860	115.5220	2015	115.5220
2016	82.8009	79.9762	98.9322	99.0309	99.9502	109.5350	103.9560	109.8730	109.5660	115.9470	119.9960	112.3480	2016	112.3480
2017	104.7540	111.7530	109.3290	100.1550	90.6574	91.5615	85.7297	90.8874	92.8634	91.0708	82.3205	80.6535	2017	80.6535
2018	77.5375	70.7806	80.0487	77.6900	81.0075	73.7292	71.1708	63.7856	61.9204	57.4592	59.8623	58.5833	2018	58.5833
2019	55.4395	67.3771	73.8572	70.0155	69.1951	69.8096	69.6491	69.7097	72.0635	71.6995	68.9074	75.0188	2019	75.0188
2020	75.7141	74.6052	72.6864	73.0928	76.2753	83.5462	93.8506	98.1986	92.5521	95.4510	94.0880	88.1479	2020	88.1479
2021	80.6874	83.1048	86.5144	85.8708	92.5687	98.9973	98.1332	105.2590	99.7515	98.0151	111.6050	112.8880	2021	112.8880

附表 2-4

小公司股票：资本增值收益指数

年份	1月	2月	3月	4月	5月	6月	7月	8月	9月	10月	11月	12月	年末	指数
1992	—	—	—	—	—	—	—	—	—	—	—	1.0000	1992	1.0000
1993	1.4752	1.7061	1.1157	1.8168	1.3029	1.4592	1.2875	1.3306	1.3556	1.2952	1.6093	1.3864	1993	1.3864
1994	1.3180	1.2956	1.3066	1.1899	1.1063	0.8906	0.5916	1.4124	1.6869	1.4035	1.4870	1.4186	1994	1.4186
1995	1.2200	1.2081	1.3838	1.2661	1.5267	1.3821	1.4606	1.4728	1.4309	1.4581	1.3687	1.2091	1995	1.2091
1996	1.1490	1.1793	1.1718	1.5774	1.3719	1.5178	1.9047	1.7339	1.7773	2.6357	3.0627	2.2696	1996	2.2696
1997	2.4922	2.8248	3.5007	3.8393	3.3394	3.3457	3.2873	3.2740	3.0184	3.2769	3.2328	3.5759	1997	3.5759
1998	3.7309	3.8750	4.2144	4.8067	5.5124	5.3347	5.4067	5.1182	5.9345	5.9478	5.7567	5.0868	1998	5.0868
1999	4.9712	4.8124	5.6195	5.2543	5.6597	7.2359	7.2137	7.6968	7.5223	7.3114	7.2476	6.7769	1999	6.7769
2000	7.2979	8.4484	9.6888	9.6785	10.2378	10.1891	10.8131	10.9407	11.0306	11.4853	12.2431	12.4929	2000	12.4929
2001	12.0386	10.9568	12.2443	12.6621	14.0666	13.9261	11.9903	12.0076	10.8977	10.2454	10.9506	10.0485	2001	10.0485
2002	8.4251	8.8663	9.8038	10.5998	9.6602	10.4718	10.2371	10.6026	10.0493	9.5899	8.7276	8.3840	2002	8.3840
2003	9.4481	9.6052	9.2026	8.1974	8.4952	7.9994	7.6599	7.6480	7.1935	6.4463	6.2830	6.0259	2003	6.0259
2004	6.7078	7.7011	8.0950	7.0393	7.0559	6.0915	5.5812	5.2760	5.4368	4.9192	5.2920	4.8942	2004	4.8942
2005	4.6124	5.1499	4.4878	3.9133	3.8451	3.8152	3.4639	4.3007	4.5938	4.2289	4.3085	4.2798	2005	4.2798
2006	4.3013	4.5817	4.4429	4.2428	5.6377	5.9414	5.9729	6.1382	6.6979	6.5434	6.4394	6.6243	2006	6.6243
2007	8.1544	9.9772	12.7305	17.0367	18.7239	14.0932	17.7263	20.5879	20.9958	18.6981	17.7868	21.2846	2007	21.2846
2008	19.7176	21.5734	17.8466	16.4615	15.9224	12.2283	13.5837	10.3426	9.1833	6.9394	8.4475	9.4601	2008	9.4601
2009	10.8582	12.0954	15.0347	16.2380	17.6367	19.3657	21.9271	18.9853	19.7169	22.2139	25.3960	26.1930	2009	26.1930
2010	25.2788	27.0695	29.3949	26.7998	25.4206	23.2548	26.7042	29.6320	29.1368	31.6272	32.4974	31.8943	2010	31.8943
2011	29.4248	31.7397	30.9991	29.3905	27.1002	28.1010	28.8531	28.4271	25.0706	26.4092	25.4715	20.8825	2011	20.8825
2012	19.7736	22.7992	21.0068	21.7716	22.4997	22.0752	19.5733	20.7438	20.7698	20.7018	18.1332	21.2825	2012	21.2825
2013	22.4004	23.6157	22.6073	21.9473	25.9756	22.5663	25.1595	26.5654	29.0296	27.6901	32.5612	31.3795	2013	31.3795
2014	33.3668	34.4875	33.4047	33.3963	35.1951	37.9558	39.9802	43.2623	50.7903	51.0612	54.3323	47.3144	2014	47.3144
2015	51.9619	56.0257	70.5303	83.3038	117.047	94.9028	76.4634	64.0113	63.5719	81.3882	97.2567	104.6260	2015	104.6260
2016	74.9908	72.4326	89.5939	89.6580	90.3273	98.8681	93.7919	99.1291	98.8430	104.5990	108.2510	101.3520	2016	101.3520
2017	94.5006	100.813	98.6188	90.2958	81.5644	82.1822	76.9056	81.5178	83.2868	81.6791	73.8306	72.3355	2017	72.33550

续表

年份	1月	2月	3月	4月	5月	6月	7月	8月	9月	10月	11月	12月	年末	指数
2018	69.5370	63.4773	71.7879	69.6440	72.4323	65.7260	63.3888	56.8072	55.1461	51.1695	53.3038	52.1648	2018	52.1648
2019	49.3655	59.9953	65.7648	62.3144	61.3816	61.7546	61.5415	61.5870	63.6645	63.3407	60.8741	66.2731	2019	66.2731
2020	66.8873	65.9077	64.2100	64.5386	67.1951	73.3438	82.2848	86.0916	81.1146	83.6492	82.4547	77.2465	2020	77.2465
2021	70.7079	72.8263	75.8142	75.2078	80.8776	86.2495	85.4214	91.6192	86.8236	85.3002	97.1267	98.2439	2021	98.2439

附表 2-5　　长期信用债: 总收益指数

年份	1月	2月	3月	4月	5月	6月	7月	8月	9月	10月	11月	12月	年末	指数
1999	—	—	—	—	—	—	—	—	—	—	—	1.0000	1999	1.0000
2000	1.0023	0.9909	0.9909	0.9966	1.0084	1.0026	1.0042	1.0054	1.0137	1.0144	1.0075	1.0183	2000	1.0183
2001	1.0216	1.0473	1.0694	1.0667	1.0713	1.1057	1.1041	1.1169	1.1416	1.1521	1.1519	1.1490	2001	1.1490
2002	1.1616	1.1723	1.1788	1.1992	1.2221	1.2124	1.2136	1.2152	1.2156	1.2085	1.2138	1.2151	2002	1.2151
2003	1.2377	1.2500	1.2675	1.2584	1.2797	1.2814	1.2888	1.2804	1.2473	1.2129	1.2232	1.2314	2003	1.2314
2004	1.2295	1.2287	1.2237	1.1823	1.2093	1.2211	1.2262	1.2235	1.2209	1.2362	1.2336	1.2420	2004	1.2420
2005	1.2586	1.2803	1.3144	1.3498	1.3800	1.4268	1.4619	1.4882	1.5114	1.5154	1.5287	1.5422	2005	1.5422
2006	1.5774	1.5841	1.5833	1.5602	1.5586	1.5475	1.5451	1.5518	1.5673	1.5760	1.5773	1.5622	2006	1.5622
2007	1.5734	1.5713	1.5723	1.5663	1.5426	1.5226	1.5124	1.4871	1.4826	1.4762	1.4706	1.4693	2007	1.4693
2008	1.4791	1.4959	1.5360	1.5248	1.5263	1.5294	1.5305	1.5393	1.5882	1.6312	1.6425	1.6444	2008	1.6444
2009	1.6625	1.6769	1.6830	1.6805	1.6825	1.6835	1.6840	1.6779	1.6750	1.6771	1.6797	1.6797	2009	1.6797
2010	1.6908	1.7055	1.7176	1.7264	1.7433	1.7455	1.7623	1.7729	1.7724	1.7607	1.7351	1.7418	2010	1.7418
2011	1.7441	1.7391	1.7475	1.7573	1.7637	1.7641	1.7600	1.7516	1.7458	1.7701	1.7963	1.8128	2011	1.8128
2012	1.8366	1.8442	1.8468	1.8525	1.8848	1.8959	1.9082	1.9019	1.9015	1.9086	1.9119	1.9144	2012	1.9144
2013	1.9267	1.9414	1.9472	1.9611	1.9789	1.9692	1.9717	1.9683	1.9726	1.9671	1.9472	1.9480	2013	1.9480
2014	1.9623	1.9959	1.9984	2.0161	2.0442	2.0631	2.0692	2.0837	2.1037	2.1307	2.1595	2.1381	2014	2.1381
2015	2.1675	2.1857	2.1797	2.2025	2.2280	2.2288	2.2556	2.2680	2.2855	2.3132	2.3115	2.3429	2015	2.3429
2016	2.3598	2.3732	2.3823	2.3614	2.3741	2.3844	2.4063	2.4258	2.4316	2.4482	2.4374	2.3898	2016	2.3898
2017	2.4047	2.3988	2.4041	2.3929	2.3827	2.4149	2.4150	2.4198	2.4303	2.4301	2.4235	2.4259	2017	2.4259

续表

年份	1月	2月	3月	4月	5月	6月	7月	8月	9月	10月	11月	12月	年末	指数
2018	2.4367	2.4496	2.4742	2.5095	2.5091	2.5117	2.5479	2.5611	2.5664	2.5875	2.6091	2.6216	2018	2.6216
2019	2.6501	2.6620	2.6632	2.6529	2.6775	2.6883	2.7052	2.7271	2.7332	2.7318	2.7472	2.7594	2019	2.7594
2020	2.7727	2.8096	2.8236	2.8683	2.8537	2.8213	2.8087	2.8125	2.8150	2.8260	2.8140	2.8354	2020	2.8354
2021	2.8489	2.8450	2.8607	2.8796	2.8979	2.9019	2.9364	2.9456	2.9468	2.9451	2.9647	2.9772	2021	2.9772

附表 2-6　长期信用债: 资本增值收益指数

年份	1月	2月	3月	4月	5月	6月	7月	8月	9月	10月	11月	12月	年末	指数
1999	—	—	—	—	—	—	—	—	—	—	—	1.0000	1999	1.0000
2000	0.9982	0.9817	0.9768	0.9780	0.9843	0.9739	0.9706	0.9670	0.9705	0.9663	0.9551	0.9609	2000	0.9609
2001	0.9606	0.9787	0.9947	0.9875	0.9872	1.0143	1.0080	1.0149	1.0331	1.0377	1.0337	1.0272	2001	1.0272
2002	1.0344	1.0403	1.0425	1.0568	1.0737	1.0615	1.0595	1.0571	1.0538	1.0432	1.0440	1.0410	2002	1.0410
2003	1.0573	1.0640	1.0751	1.0638	1.0781	1.0757	1.0781	1.0675	1.0364	1.0038	1.0089	1.0115	2003	1.0115
2004	1.0062	1.0020	0.9939	0.9567	0.9745	0.9800	0.9745	0.9744	0.9681	0.9765	0.9701	0.9725	2004	0.9725
2005	0.9814	0.9945	1.0168	1.0404	1.0594	1.0914	1.1104	1.1281	1.1415	1.1405	1.1463	1.1498	2005	1.1498
2006	1.1748	1.1751	1.1705	1.1497	1.1442	1.1322	1.1251	1.1256	1.1330	1.1351	1.1322	1.1177	2006	1.1177
2007	1.1215	1.1162	1.1130	1.1049	1.0841	1.0663	1.0535	1.0316	1.0249	1.0163	1.0085	1.0023	2007	1.0023
2008	1.0059	1.0135	1.0366	1.0250	1.0217	1.0188	1.0156	1.0175	1.0456	1.0693	1.0729	1.0697	2008	1.0697
2009	1.0783	1.0832	1.0834	1.0783	1.0764	1.0735	1.0706	1.0636	1.0586	1.0566	1.0550	1.0518	2009	1.0518
2010	1.0554	1.0613	1.0653	1.0673	1.0742	1.0719	1.0787	1.0813	1.0774	1.0665	1.0474	1.0477	2010	1.0477
2011	1.0457	1.0390	1.0402	1.0426	1.0424	1.0389	1.0329	1.0236	1.0163	1.0263	1.0374	1.0428	2011	1.0428
2012	1.0525	1.0526	1.0498	1.0491	1.0627	1.0651	1.0676	1.0599	1.0557	1.0553	1.0531	1.0503	2012	1.0503
2013	1.0525	1.0567	1.0559	1.0598	1.0650	1.0558	1.0533	1.0473	1.0458	1.0386	1.0242	1.0207	2013	1.0207
2014	1.0239	1.0373	1.0348	1.0396	1.0497	1.0553	1.0539	1.0571	1.0627	1.0716	1.0822	1.0671	2014	1.0671
2015	1.0776	1.0834	1.0756	1.0826	1.0915	1.0876	1.0965	1.0985	1.1027	1.1117	1.1070	1.1181	2015	1.1181
2016	1.1222	1.1246	1.1251	1.1113	1.1137	1.1150	1.1219	1.1274	1.1265	1.1306	1.1224	1.0966	2016	1.0966
2017	1.1005	1.0937	1.0925	1.0838	1.0757	1.0862	1.0827	1.0808	1.0816	1.0776	1.0711	1.0684	2017	1.0684

续表

年份	1月	2月	3月	4月	5月	6月	7月	8月	9月	10月	11月	12月	年末	指数
2018	1.0690	1.0716	1.0786	1.0908	1.0867	1.0844	1.0962	1.0981	1.0971	1.1019	1.1074	1.1094	2018	1.1094
2019	1.1175	1.1192	1.1165	1.1085	1.1151	1.1163	1.1200	1.1256	1.1252	1.1204	1.1237	1.1253	2019	1.1253
2020	1.1283	1.1391	1.1416	1.1566	1.1478	1.1321	1.1236	1.1221	1.1203	1.1218	1.1141	1.1195	2020	1.1195
2021	1.1219	1.1179	1.1214	1.1259	1.1301	1.1287	1.1393	1.1403	1.1381	1.1343	1.1390	1.1409	2021	1.1409

附表 2-7　长期国债：总收益指数

年份	1月	2月	3月	4月	5月	6月	7月	8月	9月	10月	11月	12月	年末	指数
1996	—	—	—	—	—	—	—	—	—	—	—	1.0000	1996	1.0000
1997	0.9915	0.9945	0.9889	1.0264	1.0303	1.0273	1.0617	1.0791	1.0900	1.1505	1.1965	1.2934	1997	1.2934
1998	1.3043	1.3516	1.3233	1.3504	1.3853	1.4446	1.5314	1.5288	1.5201	1.4994	1.4983	1.5500	1998	1.5500
1999	1.5810	1.5854	1.6337	1.6731	1.6733	1.7033	1.7387	1.7662	1.7214	1.7012	1.7296	1.7396	1999	1.7396
2000	1.7449	1.7461	1.7558	1.7668	1.7761	1.7791	1.7940	1.8088	1.8143	1.8261	1.8243	1.8132	2000	1.8132
2001	1.8284	1.8219	1.8524	1.8498	1.8477	1.8511	1.8605	1.8743	1.9088	1.9105	1.9305	1.9304	2001	1.9304
2002	1.9458	1.9477	1.9668	2.0158	2.0420	2.0250	2.0211	2.0294	2.0195	1.9773	1.9838	2.0042	2002	2.0042
2003	2.0201	2.0140	2.0278	2.0321	2.0386	2.0191	2.0158	2.0034	1.9170	1.8725	1.8728	1.9674	2003	1.9674
2004	1.9449	1.9452	1.9171	1.7849	1.8132	1.8265	1.8378	1.8471	1.8706	1.8512	1.8422	1.8400	2004	1.8400
2005	1.8977	1.9424	1.9636	2.0081	2.0509	2.0996	2.1483	2.1373	2.1728	2.1578	2.1350	2.1979	2005	2.1979
2006	2.2391	2.2522	2.2585	2.2248	2.2665	2.2447	2.2593	2.2648	2.2742	2.2989	2.2937	2.2744	2006	2.2744
2007	2.3000	2.2882	2.2951	2.2580	2.2105	2.1572	2.1763	2.1557	2.0912	2.0845	2.1015	2.1546	2007	2.1546
2008	2.2249	2.2529	2.2745	2.2474	2.2411	2.2316	2.1996	2.2603	2.3878	2.5160	2.5378	2.6128	2008	2.6128
2009	2.5253	2.5216	2.5022	2.4930	2.5316	2.5095	2.4521	2.4953	2.4854	2.4729	2.4922	2.5029	2009	2.5029
2010	2.5139	2.5598	2.5886	2.6031	2.6348	2.6429	2.6600	2.6761	2.6735	2.6652	2.6085	2.5857	2010	2.5857
2011	2.5945	2.5963	2.6225	2.6362	2.6481	2.6335	2.6193	2.6430	2.6794	2.6974	2.7345	2.7652	2011	2.7652
2012	2.8210	2.8013	2.8069	2.8170	2.8666	2.8809	2.8960	2.8327	2.8681	2.8698	2.8592	2.8741	2012	2.8741
2013	2.8777	2.8897	2.9043	2.9391	2.9524	2.9483	2.9003	2.8844	2.8780	2.8806	2.7996	2.8059	2013	2.8059
2014	2.9076	2.9457	2.9397	2.9662	3.0266	3.0566	3.0234	3.0457	3.1077	3.1712	3.2313	3.2202	2014	3.2202

续表

年份	1月	2月	3月	4月	5月	6月	7月	8月	9月	10月	11月	12月	年末	指数
2015	3.3181	3.3429	3.2740	3.3656	3.3005	3.3072	3.3474	3.3992	3.4375	3.4888	3.5007	3.5264	2015	3.5264
2016	3.5291	3.5182	3.5436	3.5367	3.5251	3.5446	3.5702	3.5558	3.6000	3.6249	3.5869	3.5432	2016	3.5432
2017	3.4611	3.4803	3.5016	3.4665	3.4306	3.5691	3.5356	3.5440	3.5719	3.3948	3.3647	3.3965	2017	3.3965
2018	3.4018	3.4330	3.4648	3.4955	3.5179	3.5665	3.5646	3.5548	3.5515	3.5978	3.6518	3.7057	2018	3.7057
2019	3.7571	3.7483	3.7846	3.7014	3.7375	3.7600	3.7934	3.8301	3.8206	3.7789	3.8300	3.8553	2019	3.8553
2020	3.9119	3.9771	4.0562	4.0956	4.0461	3.9970	3.9479	3.9346	3.9278	3.9333	3.9235	3.9550	2020	3.9550
2021	3.9668	3.9520	3.9831	4.0043	4.0430	4.0433	4.1282	4.1377	4.1318	4.1152	4.1742	4.1910	2021	4.1910

附表 2-8　　　　　　　　　　　　　长期国债：资本增值收益指数

年份	1月	2月	3月	4月	5月	6月	7月	8月	9月	10月	11月	12月	年末	指数
1996	—	—	—	—	—	—	—	—	—	—	—	1.0000	1996	1.0000
1997	0.9830	0.9783	0.9643	0.9928	0.9886	0.9789	1.0018	1.0099	1.0109	1.0582	1.0927	1.1720	1997	1.1720
1998	1.1760	1.2097	1.1764	1.1930	1.2166	1.2607	1.3289	1.3190	1.3041	1.2785	1.2697	1.3055	1998	1.3055
1999	1.3242	1.3251	1.3529	1.3780	1.3705	1.3876	1.4091	1.4236	1.3818	1.3581	1.3725	1.3728	1999	1.3728
2000	1.3733	1.3704	1.3741	1.3793	1.3825	1.3811	1.3888	1.3965	1.3971	1.4021	1.3970	1.3848	2000	1.3848
2001	1.3939	1.3839	1.4033	1.3975	1.3920	1.3910	1.3942	1.4007	1.4229	1.4200	1.4311	1.4271	2001	1.4271
2002	1.4349	1.4330	1.4436	1.4758	1.4914	1.4757	1.4691	1.4716	1.4612	1.4267	1.4279	1.4388	2002	1.4388
2003	1.4474	1.4400	1.4468	1.4468	1.4484	1.4315	1.4260	1.4143	1.3501	1.3157	1.3131	1.3761	2003	1.3761
2004	1.3569	1.3537	1.3304	1.2351	1.2510	1.2567	1.2610	1.2636	1.2754	1.2588	1.2488	1.2436	2004	1.2436
2005	1.2790	1.3058	1.3164	1.3427	1.3676	1.3965	1.4256	1.4144	1.4340	1.4204	1.4017	1.4395	2005	1.4395
2006	1.4624	1.4659	1.4651	1.4388	1.4606	1.4418	1.4468	1.4448	1.4462	1.4569	1.4488	1.4321	2006	1.4321
2007	1.4446	1.4341	1.4349	1.4083	1.3753	1.3389	1.3472	1.3311	1.2884	1.2806	1.2877	1.3171	2007	1.3171
2008	1.3564	1.3704	1.3798	1.3600	1.3529	1.3437	1.3210	1.3543	1.4277	1.5005	1.5104	1.5515	2008	1.5515
2009	1.4969	1.4909	1.4759	1.4672	1.4869	1.4701	1.4331	1.4550	1.4460	1.4355	1.4432	1.4460	2009	1.4460
2010	1.4481	1.4704	1.4821	1.4861	1.4993	1.4995	1.5048	1.5093	1.5035	1.4944	1.4576	1.4403	2010	1.4403
2011	1.4406	1.4375	1.4475	1.4508	1.4524	1.4400	1.4279	1.4360	1.4514	1.4566	1.4725	1.4847	2011	1.4847

续表

年份	1月	2月	3月	4月	5月	6月	7月	8月	9月	10月	11月	12月	年末	指数
2012	1.5102	1.4954	1.4944	1.4954	1.5167	1.5201	1.5234	1.4857	1.5001	1.4964	1.4868	1.4906	2012	1.4906
2013	1.4875	1.4899	1.4930	1.5068	1.5088	1.5027	1.4753	1.4632	1.4536	1.4505	1.4053	1.4043	2013	1.4043
2014	1.4501	1.4641	1.4559	1.4640	1.4887	1.4983	1.4769	1.4829	1.5080	1.5335	1.5579	1.5475	2014	1.5475
2015	1.5899	1.5967	1.5589	1.5977	1.5622	1.5606	1.5746	1.5940	1.6073	1.6265	1.6272	1.6345	2015	1.6345
2016	1.6319	1.6230	1.6306	1.6236	1.6140	1.6189	1.6271	1.6159	1.6333	1.6400	1.6184	1.5947	2016	1.5947
2017	1.5544	1.5590	1.5648	1.5457	1.5259	1.5839	1.5653	1.5653	1.5741	1.4923	1.4759	1.4861	2017	1.4861
2018	1.4832	1.4925	1.5016	1.5104	1.5149	1.5314	1.5264	1.5168	1.5110	1.5256	1.5435	1.5617	2018	1.5617
2019	1.5786	1.5710	1.5822	1.5430	1.5537	1.5592	1.5685	1.5796	1.5715	1.5501	1.5671	1.5730	2019	1.5730
2020	1.5930	1.6147	1.6425	1.6544	1.6306	1.6066	1.5827	1.5732	1.5665	1.5648	1.5567	1.5650	2020	1.5650
2021	1.5656	1.5558	1.5635	1.5677	1.5784	1.5744	1.6033	1.6026	1.5963	1.5859	1.6041	1.6062	2021	1.6062

附表 2-9　中期国债:总收益指数

年份	1月	2月	3月	4月	5月	6月	7月	8月	9月	10月	11月	12月	年末	指数
1996	—	—	—	—	—	—	—	—	—	—	—	1.0000	1996	1.0000
1997	0.9946	0.9853	0.9723	0.9901	0.9823	0.9734	1.0129	1.0392	1.0534	1.0979	1.1228	1.1947	1997	1.1947
1998	1.2126	1.2471	1.2297	1.2463	1.2708	1.2995	1.3547	1.3501	1.3750	1.3655	1.3482	1.3799	1998	1.3799
1999	1.4091	1.4153	1.4550	1.4644	1.4588	1.4853	1.5071	1.5268	1.5214	1.5139	1.4972	1.5056	1999	1.5056
2000	1.5068	1.5046	1.5170	1.5227	1.5245	1.5296	1.5343	1.5421	1.5300	1.5427	1.5485	1.5486	2000	1.5486
2001	1.5601	1.5721	1.5760	1.5894	1.5947	1.6015	1.6069	1.6170	1.6473	1.6476	1.6552	1.6650	2001	1.6650
2002	1.6756	1.6908	1.7104	1.7200	1.7296	1.7292	1.7416	1.7385	1.7242	1.7108	1.7223	1.7219	2002	1.7219
2003	1.7305	1.7316	1.7370	1.7400	1.7439	1.7461	1.7516	1.7501	1.7406	1.7160	1.7405	1.7671	2003	1.7671
2004	1.7700	1.7400	1.7367	1.6807	1.7027	1.7071	1.7132	1.7009	1.7177	1.7164	1.7214	1.7320	2004	1.7320
2005	1.7604	1.7810	1.8078	1.8376	1.8496	1.8853	1.9103	1.9242	1.9395	1.9281	1.9224	1.9428	2005	1.9428
2006	1.9669	1.9631	1.9569	1.9398	1.9546	1.9256	1.9375	1.9359	1.9564	1.9723	1.9718	1.9684	2006	1.9684
2007	1.9843	1.9757	1.9829	1.9572	1.9418	1.9053	1.9290	1.9384	1.9241	1.9166	1.9120	1.9278	2007	1.9278
2008	1.9570	1.9674	2.0045	1.9758	1.9853	1.9933	1.9731	1.9836	2.0413	2.0966	2.1461	2.2025	2008	2.2025

续表

年份	1月	2月	3月	4月	5月	6月	7月	8月	9月	10月	11月	12月	年末	指数
2009	2.1862	2.1719	2.1699	2.1615	2.1766	2.1742	2.1330	2.1650	2.1693	2.1704	2.1794	2.1931	2009	2.1931
2010	2.1888	2.2294	2.2421	2.2539	2.2759	2.2842	2.2916	2.3047	2.3013	2.2874	2.2294	2.2637	2010	2.2637
2011	2.2697	2.3042	2.3048	2.3250	2.3751	2.2933	2.3307	2.4380	2.3509	2.3290	2.4447	2.4144	2011	2.4144
2012	2.4202	2.4127	2.4253	2.4223	2.4753	2.4708	2.4872	2.4655	2.4577	2.4550	2.4769	2.4693	2012	2.4693
2013	2.4691	2.4728	2.4802	2.5006	2.5060	2.4954	2.4672	2.4577	2.4636	2.4737	2.4136	2.5302	2013	2.5302
2014	2.5712	2.5879	2.5909	2.6078	2.6318	2.6537	2.6627	2.6501	2.6705	2.6710	2.7377	2.7169	2014	2.7169
2015	2.7519	2.7769	2.7672	2.7905	2.7986	2.8132	2.8225	2.8303	2.8489	2.8573	2.8739	2.8691	2015	2.8691
2016	2.8702	2.8864	2.9098	2.8867	2.8958	2.9134	2.9279	2.9388	2.9452	2.9661	2.9342	2.9234	2016	2.9234
2017	2.9380	2.9346	2.9011	2.9730	2.8638	2.9000	2.8970	2.8842	2.9150	2.9201	2.9022	2.8931	2017	2.8931
2018	2.9293	2.9573	2.9691	3.0540	3.0370	3.0314	3.0637	3.0456	3.0527	3.0676	3.1003	3.1145	2018	3.1145
2019	3.1308	3.1245	3.1427	3.1171	3.1403	3.1533	3.1681	3.1845	3.1891	3.1852	3.2030	3.2315	2019	3.2315
2020	3.2521	3.2624	3.3282	3.4007	3.3779	3.3151	3.3259	3.2774	3.3075	3.3005	3.3128	3.3160	2020	3.3160
2021	3.3129	3.3124	3.3300	3.3460	3.3594	3.3666	3.4087	3.4166	3.4197	3.4115	3.4361	3.4584	2021	3.4584

附表 2-10 中期国债：资本增值收益指数

年份	1月	2月	3月	4月	5月	6月	7月	8月	9月	10月	11月	12月	年末	指数
1996	—	—	—	—	—	—	—	—	—	—	—	1.0000	1996	1.0000
1997	0.9873	0.9714	0.9514	0.9617	0.9472	0.9322	0.9623	0.9808	0.9870	1.0221	1.0364	1.0950	1997	1.0950
1998	1.1059	1.1292	1.1060	1.1139	1.1291	1.1473	1.1890	1.1779	1.1928	1.1781	1.1561	1.1759	1998	1.1759
1999	1.1939	1.1966	1.2185	1.2193	1.2075	1.2226	1.2336	1.2425	1.2313	1.2190	1.1980	1.1976	1999	1.1976
2000	1.1911	1.1813	1.1833	1.1807	1.1739	1.1702	1.1655	1.1633	1.1466	1.1478	1.1444	1.1370	2000	1.1370
2001	1.1401	1.1387	1.1341	1.1359	1.1321	1.1298	1.1251	1.1240	1.1377	1.1294	1.1268	1.1256	2001	1.1256
2002	1.1249	1.1280	1.1338	1.1322	1.1308	1.1239	1.1231	1.1132	1.0967	1.0794	1.0792	1.0707	2002	1.0707
2003	1.0738	1.0722	1.0732	1.0727	1.0729	1.0718	1.0729	1.0697	1.0614	1.0441	1.0568	1.0704	2003	1.0704
2004	1.0695	1.0490	1.0442	1.0078	1.0183	1.0183	1.0194	1.0093	1.0166	1.0134	1.0136	1.0171	2004	1.0171
2005	1.0301	1.0388	1.0507	1.0646	1.0678	1.0849	1.0958	1.0999	1.1052	1.0958	1.0889	1.0969	2005	1.0969

续表

年份	1 月	2 月	3 月	4 月	5 月	6 月	7 月	8 月	9 月	10 月	11 月	12 月	年末	指数
2006	1.1088	1.1044	1.0989	1.0875	1.0937	1.0755	1.0805	1.0773	1.0868	1.0935	1.0913	1.0875	2006	1.0875
2007	1.0919	1.0836	1.0836	1.0655	1.0531	1.0295	1.0382	1.0393	1.0281	1.0198	1.0137	1.0183	2007	1.0183
2008	1.0305	1.0337	1.0502	1.0327	1.0348	1.0368	1.0231	1.0262	1.0533	1.0788	1.1014	1.1274	2008	1.1274
2009	1.1170	1.1066	1.1028	1.0958	1.1012	1.0969	1.0734	1.0868	1.0863	1.0841	1.0859	1.0900	2009	1.0900
2010	1.0842	1.1008	1.1031	1.1051	1.1120	1.1123	1.1123	1.1144	1.1092	1.0990	1.0668	1.0793	2010	1.0793
2011	1.0793	1.0935	1.0905	1.0975	1.1184	1.0775	1.0930	1.1404	1.0965	1.0839	1.1348	1.1180	2011	1.1180
2012	1.1173	1.1109	1.1135	1.1102	1.1302	1.1252	1.1304	1.1161	1.1097	1.1050	1.1119	1.1077	2012	1.1077
2013	1.1048	1.1040	1.1047	1.1111	1.1106	1.1034	1.0887	1.0809	1.0809	1.0830	1.0537	1.1019	2013	1.1019
2014	1.1160	1.1195	1.1170	1.1206	1.1271	1.1326	1.1327	1.1237	1.1287	1.1250	1.1496	1.1391	2014	1.1391
2015	1.1506	1.1578	1.1504	1.1568	1.1571	1.1595	1.1600	1.1599	1.1645	1.1646	1.1681	1.1631	2015	1.1631
2016	1.1607	1.1642	1.1707	1.1586	1.1592	1.1634	1.1664	1.1676	1.1675	1.1729	1.1569	1.1499	2016	1.1499
2017	1.1535	1.1496	1.1344	1.1604	1.1165	1.1269	1.1233	1.1162	1.1257	1.1252	1.1161	1.1104	2017	1.1104
2018	1.1206	1.1281	1.1292	1.1582	1.1481	1.1430	1.1512	1.1411	1.1405	1.1432	1.1511	1.1536	2018	1.1536
2019	1.1562	1.1510	1.1548	1.1422	1.1475	1.1495	1.1516	1.1545	1.1531	1.1488	1.1522	1.1592	2019	1.1592
2020	1.1644	1.1667	1.1855	1.2090	1.1981	1.1730	1.1738	1.1538	1.1615	1.1564	1.1599	1.1565	2020	1.1565
2021	1.1527	1.1499	1.1529	1.1556	1.1573	1.1570	1.1686	1.1683	1.1666	1.1611	1.1664	1.1711	2021	1.1711

附表 2-11　短期国债：总收益指数

年份	1 月	2 月	3 月	4 月	5 月	6 月	7 月	8 月	9 月	10 月	11 月	12 月	年末	指数
1996	—	—	—	—	—	—	—	—	—	—	—	1.0000	1996	1.0000
1997	1.0215	1.0248	1.0268	1.0298	1.0108	1.0120	1.0439	1.0457	1.0531	1.0660	1.0880	1.0036	1997	1.0036
1998	1.1131	1.1168	1.1209	1.1262	1.1384	1.1489	1.1671	1.1548	1.1684	1.1666	1.1724	1.1855	1998	1.1855
1999	1.2080	1.2098	1.2215	1.2317	1.2206	1.2412	1.2529	1.2364	1.2364	1.2364	1.2364	1.2433	1999	1.2433
2000	1.2554	1.2523	1.2614	1.2762	1.2807	1.2844	1.2861	1.2983	1.2983	1.3024	1.2986	1.3024	2000	1.3024
2001	1.3089	1.3128	1.3234	1.3299	1.3293	1.3316	1.3378	1.3440	1.3567	1.3586	1.3535	1.3584	2001	1.3584
2002	1.3641	1.3675	1.3765	1.3813	1.3852	1.3879	1.3911	1.3941	1.3918	1.3932	1.3971	1.4045	2002	1.4045

续表

年份	1 月	2 月	3 月	4 月	5 月	6 月	7 月	8 月	9 月	10 月	11 月	12 月	年末	指数
2003	1.4030	1.4051	1.4097	1.4141	1.4241	1.4251	1.4302	1.4257	1.4270	1.4328	1.4390	1.4470	2003	1.4470
2004	1.4516	1.4577	1.4461	1.4474	1.4505	1.4508	1.4595	1.4535	1.4549	1.4614	1.4674	1.4623	2004	1.4623
2005	1.4815	1.4855	1.4991	1.5041	1.5087	1.5124	1.5145	1.5170	1.5220	1.5227	1.5174	1.5190	2005	1.5190
2006	1.5216	1.5199	1.5418	1.5452	1.5463	1.5460	1.5552	1.5582	1.5620	1.5540	1.5550	1.5542	2006	1.5542
2007	1.5601	1.5622	1.5628	1.5719	1.5727	1.5759	1.5785	1.5817	1.5935	1.5971	1.5903	1.5946	2007	1.5946
2008	1.5959	1.5997	1.6051	1.6094	1.6123	1.6124	1.6182	1.6259	1.6317	1.6446	1.6563	1.6793	2008	1.6793
2009	1.6779	1.6693	1.6755	1.6806	1.6837	1.6912	1.6840	1.6925	1.6932	1.6955	1.6948	1.7034	2009	1.7034
2010	1.7044	1.7079	1.7074	1.6747	1.6738	1.6733	1.6776	1.6807	1.6816	1.6840	1.6821	1.6818	2010	1.6818
2011	1.6831	1.6888	1.6957	1.6978	1.6994	1.6974	1.6988	1.7037	1.7132	1.7260	1.7377	1.7424	2011	1.7424
2012	1.7493	1.7528	1.7588	1.7626	1.7731	1.7731	1.7766	1.7753	1.7770	1.7785	1.7834	1.7886	2012	1.7886
2013	1.7938	1.7982	1.8041	1.8022	1.8047	1.8105	1.8055	1.8167	1.8246	1.8248	1.8221	1.8285	2013	1.8285
2014	1.8435	1.8518	1.8518	1.8518	1.8635	1.8693	1.8688	1.8728	1.8796	1.8917	1.9043	1.9052	2014	1.9052
2015	1.9123	1.9174	1.9225	1.9349	1.9512	1.9578	1.9479	1.9462	1.9487	1.9151	1.9190	1.9275	2015	1.9275
2016	1.9500	1.9548	1.9603	1.9604	1.9624	1.9655	1.9710	1.9753	1.9786	1.9820	1.9847	1.9825	2016	1.9825
2017	1.9899	1.9966	2.0005	1.9963	1.9974	2.0042	2.0100	2.0149	2.0222	2.0254	2.0293	2.0331	2017	2.0331
2018	2.0412	2.0554	2.0591	2.0696	2.0768	2.0815	2.0882	2.0934	2.0958	2.1005	2.1059	2.1078	2018	2.1078
2019	2.1174	2.1226	2.1275	2.1262	2.1307	2.1362	2.1445	2.1483	2.1540	2.1569	2.1618	2.1723	2019	2.1723
2020	2.1808	2.1901	2.1990	2.2098	2.2029	2.1965	2.1961	2.1937	2.1991	2.1984	2.2010	2.2133	2020	2.2133
2021	2.2122	2.2143	2.2196	2.2302	2.2347	2.2395	2.2480	2.2477	2.2552	2.2556	2.2597	2.2662	2021	2.2662

附表 2-12　　短期国债：资本增值收益指数

年份	1 月	2 月	3 月	4 月	5 月	6 月	7 月	8 月	9 月	10 月	11 月	12 月	年末	指数
1996	—	—	—	—	—	—	—	—	—	—	—	1.0000	1996	1.0000
1997	1.0135	1.0096	1.0044	0.9990	0.9735	0.9674	0.9867	0.9789	0.9801	0.9775	0.9888	0.9926	1997	0.9926
1998	0.9940	0.9864	0.9808	0.9768	0.9790	0.9806	0.9889	0.9712	0.9758	0.9674	0.9652	0.9697	1998	0.9697
1999	0.9823	0.9815	0.9810	0.9833	0.9683	0.9787	0.9822	0.9630	0.9630	0.9630	0.9630	0.9627	1999	0.9627

续表

年份	1月	2月	3月	4月	5月	6月	7月	8月	9月	10月	11月	12月	年末	指数
2000	0.9666	0.9581	0.9592	0.9652	0.9625	0.9598	0.9554	0.9587	0.9535	0.9509	0.9427	0.9399	0.9399	0.9399
2001	0.9406	0.9358	0.9377	0.9365	0.9303	0.9266	0.9250	0.9237	0.9273	0.9229	0.9139	0.9113	0.9113	0.9113
2002	0.9092	0.9061	0.9066	0.9038	0.9006	0.8972	0.8932	0.8896	0.8831	0.8781	0.8749	0.8734	0.8734	0.8734
2003	0.8669	0.8625	0.8591	0.8557	0.8558	0.8501	0.8465	0.8376	0.8316	0.8284	0.8262	0.8239	0.8239	0.8239
2004	0.8204	0.8181	0.8051	0.8043	0.8044	0.8030	0.8013	0.7910	0.7852	0.7825	0.7789	0.7696	0.7696	0.7696
2005	0.7732	0.7695	0.7701	0.7714	0.7724	0.7729	0.7732	0.7734	0.7751	0.7747	0.7713	0.7714	0.7714	0.7714
2006	0.7711	0.7681	0.7773	0.7780	0.7775	0.7763	0.7799	0.7803	0.7766	0.7666	0.7654	0.7639	0.7639	0.7639
2007	0.7656	0.7656	0.7639	0.7662	0.7644	0.7641	0.7638	0.7642	0.7688	0.7692	0.7640	0.7644	0.7644	0.7644
2008	0.7629	0.7630	0.7628	0.7622	0.7608	0.7581	0.7593	0.7614	0.7627	0.7663	0.7693	0.7778	0.7778	0.7778
2009	0.7758	0.7699	0.7710	0.7713	0.7709	0.7720	0.7672	0.7694	0.7679	0.7676	0.7659	0.7677	0.7677	0.7677
2010	0.7659	0.7654	0.7621	0.7465	0.7433	0.7403	0.7392	0.7375	0.7352	0.7346	0.7319	0.7288	0.7288	0.7288
2011	0.7268	0.7274	0.7286	0.7287	0.7276	0.7251	0.7241	0.7239	0.7259	0.7288	0.7324	0.7325	0.7325	0.7325
2012	0.7334	0.7333	0.7340	0.7340	0.7366	0.7366	0.7366	0.7348	0.7352	0.7340	0.7342	0.7345	0.7345	0.7345
2013	0.7348	0.7351	0.7359	0.7336	0.7329	0.7339	0.7301	0.7329	0.7339	0.7318	0.7305	0.7305	0.7305	0.7305
2014	0.7342	0.7352	0.7352	0.7352	0.7376	0.7376	0.7351	0.7354	0.7357	0.7381	0.7411	0.7395	0.7395	0.7395
2015	0.7402	0.7405	0.7405	0.7430	0.7474	0.7482	0.7427	0.7404	0.7403	0.7261	0.7262	0.7280	0.7280	0.7280
2016	0.7348	0.7351	0.7359	0.7345	0.7339	0.7337	0.7344	0.7345	0.7344	0.7343	0.7341	0.7320	0.7320	0.7320
2017	0.7337	0.7347	0.7343	0.7313	0.7298	0.7303	0.7304	0.7301	0.7300	0.7290	0.7284	0.7277	0.7277	0.7277
2018	0.7283	0.7326	0.7318	0.7336	0.7339	0.7335	0.7342	0.7344	0.7337	0.7340	0.7342	0.7334	0.7334	0.7334
2019	0.7351	0.7355	0.7359	0.7340	0.7335	0.7339	0.7350	0.7347	0.7348	0.7342	0.7344	0.7364	0.7364	0.7364
2020	0.7381	0.7395	0.7411	0.7434	0.7395	0.7349	0.7329	0.7307	0.7312	0.7297	0.7289	0.7312	0.7312	0.7312
2021	0.7292	0.7285	0.7287	0.7307	0.7307	0.7309	0.7322	0.7309	0.7314	0.7311	0.7308	0.7315	0.7315	0.7315

附表 2-13

通货膨胀指数

年份	1月	2月	3月	4月	5月	6月	7月	8月	9月	10月	11月	12月	年末	指数
1992	—	—	—	—	—	—	—	—	—	—	—	1.0000	1992	1.0000
1993	1.0082	1.0166	1.0264	1.0366	1.0480	1.0604	1.0737	1.0871	1.1004	1.1140	1.1284	1.1447	1993	1.1447
1994	1.1631	1.1835	1.2036	1.2235	1.2433	1.2646	1.2875	1.3124	1.3390	1.3666	1.3946	1.4212	1994	1.4212
1995	1.4470	1.4716	1.4955	1.5191	1.5427	1.5643	1.5846	1.6026	1.6192	1.6347	1.6492	1.6625	1995	1.6625
1996	1.6745	1.6869	1.7001	1.7133	1.7255	1.7374	1.7490	1.7604	1.7709	1.7809	1.7908	1.8009	1996	1.8009
1997	1.8096	1.8178	1.8238	1.8286	1.8328	1.8370	1.8411	1.8440	1.8467	1.8490	1.8507	1.8513	1997	1.8513
1998	1.8518	1.8516	1.8527	1.8522	1.8507	1.8487	1.8465	1.8443	1.8420	1.8403	1.8384	1.8369	1998	1.8369
1999	1.8351	1.8331	1.8303	1.8269	1.8235	1.8203	1.8182	1.8162	1.8150	1.8140	1.8127	1.8112	1999	1.8112
2000	1.8109	1.8119	1.8116	1.8112	1.8113	1.8121	1.8128	1.8133	1.8133	1.8133	1.8152	1.8175	2000	1.8175
2001	1.8193	1.8193	1.8205	1.8229	1.8255	1.8276	1.8298	1.8314	1.8312	1.8315	1.8311	1.8306	2001	1.8306
2002	1.8291	1.8291	1.8278	1.8259	1.8242	1.8229	1.8216	1.8205	1.8194	1.8182	1.8172	1.8166	2002	1.8166
2003	1.8172	1.8175	1.8188	1.8203	1.8214	1.8218	1.8226	1.8240	1.8256	1.8283	1.8328	1.8377	2003	1.8377
2004	1.8425	1.8457	1.8502	1.8560	1.8627	1.8703	1.8783	1.8864	1.8944	1.9011	1.9055	1.9092	2004	1.9092
2005	1.9122	1.9183	1.9226	1.9254	1.9283	1.9309	1.9337	1.9358	1.9373	1.9392	1.9413	1.9439	2005	1.9439
2006	1.9469	1.9484	1.9497	1.9516	1.9539	1.9563	1.9579	1.9600	1.9624	1.9647	1.9678	1.9723	2006	1.9723
2007	1.9759	1.9803	1.9857	1.9906	1.9961	2.0033	2.0124	2.0230	2.0332	2.0439	2.0553	2.0661	2007	2.0661
2008	2.0779	2.0924	2.1064	2.1207	2.1339	2.1461	2.1571	2.1657	2.1738	2.1809	2.1853	2.1874	2008	2.1874
2009	2.1892	2.1863	2.1841	2.1814	2.1788	2.1757	2.1724	2.1702	2.1688	2.1678	2.1689	2.1723	2009	2.1723
2010	2.1750	2.1799	2.1842	2.1892	2.1948	2.2000	2.2060	2.2123	2.2188	2.2268	2.2361	2.2445	2010	2.2445
2011	2.2534	2.2625	2.2724	2.2823	2.2925	2.3043	2.3163	2.3279	2.3394	2.3498	2.3579	2.3658	2011	2.3658
2012	2.3745	2.3807	2.3877	2.3944	2.4003	2.4047	2.4082	2.4122	2.4160	2.4194	2.4234	2.4284	2012	2.4284
2013	2.4325	2.4389	2.4431	2.4479	2.4521	2.4575	2.4629	2.4681	2.4743	2.4808	2.4870	2.4921	2013	2.4921
2014	2.4972	2.5012	2.5062	2.5099	2.5150	2.5199	2.5246	2.5288	2.5322	2.5355	2.5386	2.5417	2014	2.5417
2015	2.5433	2.5463	2.5493	2.5524	2.5550	2.5580	2.5615	2.5656	2.5690	2.5717	2.5749	2.5783	2015	2.5783
2016	2.5821	2.5870	2.5919	2.5969	2.6013	2.6053	2.6091	2.6120	2.6162	2.6207	2.6256	2.6301	2016	2.6301
2017	2.6356	2.6374	2.6393	2.6420	2.6452	2.6485	2.6516	2.6555	2.6591	2.6632	2.6670	2.6709	2017	2.6709

续表

年份	1 月	2 月	3 月	4 月	5 月	6 月	7 月	8 月	9 月	10 月	11 月	12 月	年末	指数
2018	2.6743	2.6806	2.6853	2.6893	2.6933	2.6975	2.7022	2.7073	2.7129	2.7185	2.7234	2.7277	2018	2.7277
2019	2.7315	2.7349	2.7401	2.7457	2.7518	2.7580	2.7643	2.7707	2.7775	2.7862	2.7964	2.8067	2019	2.8067
2020	2.8190	2.8309	2.8409	2.8486	2.8542	2.8601	2.8665	2.8721	2.8762	2.8774	2.8762	2.8766	2020	2.8766
2021	2.8759	2.8754	2.8764	2.8785	2.8816	2.8843	2.8867	2.8886	2.8903	2.8938	2.8993	2.9029	2021	2.9029

索　引